上海政法学院

SHANGHAI UNIVERSITY OF POLITICAL SCIENCE AND LAW

居家养老机构可持续发展探索

上海社区助老服务社实证研究

王裔艳 著

中国政法大学出版社

2019·北京

校庆筹备工作领导小组

组　长：夏小和　　刘晓红

副组长：潘牧天　　刘　刚　　关保英　　胡继灵　　姚建龙

成　员：高志刚　　韩同兰　　石其宝　　张　军　　郭玉生

　　　　欧阳美和　王晓宇　　周　毅　　赵运锋　　王明华

　　　　赵　俊　　叶　玮　　祝耀明　　蒋存耀

总 序

三十五年的峥嵘岁月，三十五载的春华秋实，转眼间，上海政法学院已经走过三十五个年头。三十五载年华，寒来暑往，风雨阳光。三十五年征程，不忘初心，砥砺前行。三十五年中，上海政法学院坚持"立足政法、服务上海、面向全国、放眼世界"，秉承"刻苦求实、开拓创新"的校训精神，走"以需育特、以特促强"的创新发展之路，努力培养德法兼修、全面发展，具有宽厚基础、实践能力、创新思维和全球视野的高素质复合型应用型人才，在中国特色社会主义法治建设征程中留下了浓墨重彩的一笔。

学校主动对接国家和社会发展重大需求，积极服务国家战略。2013 年 9 月 13 日，习近平主席在上海合作组织比什凯克峰会上宣布，中方将在上海政法学院设立"中国-上海合作组织国际司法交流合作培训基地"，愿意利用这一平台为其他成员国培养司法人才。此后，2014 年、2015 年和 2018 年，习主席又分别在上合组织杜尚别峰会、乌法峰会、青岛峰会上强调了中方要依托中国-上合基地，为成员国培训司法人才。2017 年，中国-上合基地被上海市人民政府列入《上海服务国家"一带一路"建设、发挥桥头堡作用行动方案》。五年来，学校充分发挥中国-上合基地的培训、智库和论坛三大功能，取得了一系列成果。

入选校庆系列丛书的三十五部作品印证了上海政法学院三十五周年的发展历程，也是中国-上海合作组织国际司法交流合作培训基地五周年的内涵提升。儒家经典《大学》开篇即倡导："大学之道，在明明德，在亲民，在止于至善。"三十五年的刻苦，在有良田美池桑竹之属的野马浜，学校历经上海法律高等专科学校、上海政法管理干部学院、上海大学法学院和上海政法学院等办学阶段。三十五年的求实，上政人孜孜不倦地奋斗在中国法治建设的道路上，为推动中国的法治文明、政治进步、经济发展、文化繁荣与社会和谐而不懈努力。三十五年的开拓，上海政法学院学科门类经历了从单一性向多元性发展的过程，形成了以法学为主干，多学科协调发展的学科体系，学科布局日臻合理，学科交叉日趋完善。三十五年的创新，在我国社会主义法治建设进程中，上海政法学院学科建设与时俱进，为国家发展、社会进步、人民福祉献上累累硕果和片片赤诚之心！

所谓大学者，非谓有大楼之谓也，有大师之谓也。三十五部作品，是上海政法学院学术实力的一次整体亮相，是对上海政法学院学术成就的一次重要盘点，是上政方家指点江山、激扬文字的历史见证，也是上海政法学院学科发展的厚重回声和历史积淀。上海政法学院教师展示学术风采、呈现学术思想，如一川清流、一缕阳光，为我国法治事业发展注入新时代的理想与精神。三十五部校庆系列丛书，藏诸名山，传之其人，体现了上海政法学院教师学术思想的精粹、气魄和境界。

红日初升，其道大光。迎着佘山日出的朝阳，莘莘学子承载着上政的学术灵魂和创新精神，走向社会、扎根司法、面向政法、服务社会国家。在佘山脚下这座美丽的花园学府，他们一起看情人坡上夕阳抹上夜色，一起欣赏天鹅一家漫步在上合基地河畔，一起奋斗在落日余晖下的图书馆。这里记录着他们拼搏的青春，放飞着他们心中的梦想。

《礼记·大学》曰："古之欲明明德于天下者，先治其国。"怀着修身、齐家、治国、平天下理想的上政师生，对国家和社会始终怀着强烈的责任心和使命感。他们积极践行，敢为人先，坚持奔走在法治实践第一线；他们秉持正义，传播法义，为社会进步摇旗呐喊。上政人有着同一份情怀，那就是校国情怀。无论岁月流逝，无论天南海北，他们情系母校，矢志不渝、和衷共济、奋力拼搏。"刻苦、求实、开拓、创新"的校训，既是办学理念的集中体现，也是学术精神的象征。

路漫漫其修远兮，吾将上下而求索。回顾三十五年的建校历程，我们有过成功，也经历过挫折；我们积累了宝贵的办学经验，也总结了深刻的教训。展望未来，学校在新的发展阶段，如何把握机会，实现新的跨越，将上海政法学院建设成一流的法学强校，是我们应当思考的问题，也是我们努力的方向。不断推进中国的法治建设，为国家的繁荣富强做出贡献，是上政人的光荣使命。我们有经世济民、福泽万邦的志向与情怀，未来我们依旧任重而道远。

天行健，君子以自强不息。著书立说，为往圣继绝学，推动学术传统的发展，是上政群英在学术发展上谱写的华丽篇章。

上海政法学院党委书记 夏小和 教授
上海政法学院校长 刘晓红 教授
2019 年 7 月 23 日

摘 要 Abstract

随着我国人口老龄化进程加快，家庭养老功能日益弱化，老年人的居家养老已经成为重大的社会问题。我国居家养老服务"从无到有，从点到面，取得了较好进展，一个以保障高龄、独居、空巢、失能和低收入老人为重点，借助专业化养老服务组织，提供生活照料、家政服务、康复护理、医疗保健等服务的居家养老服务网络初步形成"，"养老服务的运作模式、服务内容、操作规范等也不断探索创新，积累了有益的经验"（民政部，2011）。但目前我国居家养老服务存在供给不足、比重偏低、质量不高等问题，尚未满足老年人日益增长的服务需求。本书拟对上海社区助老服务社进行实证研究，针对我国居家养老机构发展面临的突出问题及深层次原因，全面借鉴境外的经验教训，提出促进我国居家养老机构可持续发展的一些重大对策建议，并探索有中国特色的居家养老服务可持续发展之路，使其真正成为"破解我国日趋尖锐的养老服务难题，切实提高广大老年人生命、生活质量的重要出路"（全国老龄委办公室和发展改革委等，2008）。本研究主要包括现状研究、实证分析和可持续发展探索三部分，第一，现状研究包括部分发达国家居家服务机构经验及启示，以及我国居家服务机构研究现状评述；第二，筛选有代表性的上海社区助老服务社和实地调查被选社区助老服务社运作情况；第三，探索居家养老机构可持续发展道路。本书包括正文及 10 个附件，共 18 万字左右，现将正文摘要如下：

一、发达国家居家服务经验启示

通过比较澳大利亚、加拿大和英国的居家服务，我们发现这三个国家在开展居家养老服务方面均积累了丰富经验，也建立了较为完备的服务体系。

澳大利亚建立了全国统一的居家服务体系，为羸弱老人、残疾人等提供基础性支持服务，以增强他们独立生活的能力并避免或推迟入住长期照料机构。加拿大虽然没有开展全国统一的居家服务，但所有省、地区都建立了自己的居家服务体系，帮助部分或完全丧失居家生活能力的人群，为其提供预防、延缓或替代所需长期照料或重度照料的一系列服务，以满足他们生理、心理、社交、精神和情绪等多种需要，使他们能够留在家中独立生活并尽可能多地与亲友接触。英国并未建立专门的居家服务体系，而是由中央政府卫生部和区域性卫生部门通过国民医疗保健制度在全国范围内提供居家医疗服务，地方政府在其管辖范围内提供居家社会服务。然而，上述三个国家的居家养老服务也并非尽善尽美，都或多或少地存在着这样或那样的问题。澳大利亚联邦政府和州、地区政府提供的居家服务经费增长速度低于客户自付部分增长速度；加拿大的居家照料缺乏相应的国家立法，经由地方政府全权负责筹资、管理以及服务供给，导致了各省、地区的居家服务在融资规模、发展阶段和管理等方面存在巨大差异；英国的居家服务使用者不满意目前的服务配送方式、不稳定的服务质量和服务队伍等。但澳大利亚、加拿大和英国的居家服务有着类似之处：首先，都建立了与居家服务相关的法律法规以确保服务的顺利开展。其次，政府在居家服务项目中都承担了重要的作用。最后，各国的居家服务内容也大致相同，大都包括了支持有需要的人群能够在社区中独立生活的相关服务。然而，他们在居家服务方面有其自己的特点，最显著的差异是统筹的程度，即是否在国家层面上建立统一的居家服务制度。其次是对居家服务重要性的认识程度也有差异。对照澳大利亚、加拿大和英国的居家服务发展状况，我们发现居家养老服务与多种因素息息相关。思想上的高度重视，能够集思广益；建立正式的、全国性的居家服务体系，可以打破发展不平衡状态；加强居家服务的立法，能够保障居家养老服务机制在实践中的执行力度；建立专门的居家养老服务管理机构，能够从管理层面上保障居家养老服务的顺利开展；建立居家养老专项资金，可以保证稳定的居家养老服务资金来源，确保专款专用；大力发展居家服务机构，能够为逐步开放的居家服务市场提供供给保障；探索多种收费模式，制定不同的收费标准，能够保障服务使用者在其支付能力承受范围内获得所需服务；构建居家服务体系的评估制度及其配套制度，能够为进一步提高居家养老服务质量提供坚实的数字基础。我们学习澳大利亚、加拿大和英国的居家服务经验，有助于为我国居家养老服务的发展提供有益借鉴，从而更好地促进我国居家养老服务体系的可持续发展。

二、上海居家养老机构发展路径研究

我们在简要回顾上海居家养老机构发展历史基础上，以社区助老服务社为例，总结社区助老服务社发展路径及其主要特征为：在建立初期，政府培育市场、机构快速成长；机构定位为非正规就业劳动组织或是民办非企业单位，为所在街道（镇）的老人提供居家养老服务；政府财政强力扶持，在社区助老服务社的开办、运营、培训和员工补贴等多方面给予资助；建立了较为完善的养老服务需求评估体系；居家养老服务的目标人群是从有服务需求的、符合政策要求并获得政府补贴的少数居家老人开始的，逐渐扩大到有服务需求的、符合较宽泛政策要求并获得政府补贴的部分居家老人，然后发展为有服务需求的、包括符合更宽泛政策要求并获得政府补贴的部分老人在内的大部分居家老人；建立了标准化居家养老服务工作流程，即"申请——评估——审批——服务确认——服务提供——变更——终止"。在发展稳定期，政府监管市场、机构稳定发展；机构定位为属于社区养老服务机构中的居家照护服务机构，通过上门服务方式为老年人提供专业化的居家照护服务；政府通过购买社区助老服务社等提供的社区居家养老服务项目，以管理居家服务机构。政府通过建立健全养老基本公共服务合格供应商监管机制，加强对社区助老服务社等居家服务机构的监督；政府制定专项规划，加强护理人员队伍建设，以解决包括居家养老护理人员在内的养老护理人员数量不足、结构不合理等问题。在发展转型期，机构转型并纳入长期护理保险体系以寻求新发展；属于非正规就业劳动组织的社区助老服务社必须转型发展，可转制为民办非企业或者企业，或者安置其从业人员到其他用人单位工作；社区居家照护服务纳入长期护理保险范畴，社区养老服务组织可申请成为长期护理保险定点护理服务机构。其后，我们试图讨论政府与服务机构之间的关系，以促进其可持续发展。首先，政府要处理好与服务机构的关系，确保政府主导地位。只有厘清政府在社区助老服务社等养老服务机构发展中的职责及具体内涵，即"哪些是该管的"以及"怎样管好该管的"，必须学会"放手"和"抓牢"，才能确保其真正的主导作用。其次，服务机构要处理好与政府的关系，明确服务机构定位。社区助老服务社在转型后应明确自己的定位，进一步厘清与政府的关系，在长期护理保险制度下积极壮大自己，成为长期护理保险服务机构的中流砥柱。

三、上海社区助老服务社实证研究

课题组通过搜集上海社区助老服务社名单和上海社会组织名单，寻找建立相对较早的、在 2017 年左右转制成功的社区助老服务社，其后通过浦东新区民政局领导介绍顺利进入 Z 镇居家养老服务中心进行实地观察。上海市浦东新区 Z 镇是上海市开展居家养老服务的 7 个试点街镇之一，Z 镇居家养老服务中心是 2002 年建立的社区助老服务社，是属于上海最早建立的社区助老服务社之一，也是顺利转制成功的民办非企业单位。在实地观察期间，课题组获得了有关 Z 镇居家养老服务中心发展情况的文件报告等资料，以利于熟悉被调查机构的基本情况和进行后续的访谈工作。

在整理分析 Z 镇居家养老服务中心的文件资料和对其管理人员及服务人员进行个人访谈的基础上，我们首先回顾了 Z 镇居家养老服务中心的发展路径，即发展初期，内部管理和外部业务均处于摸索期；发展中期，内部管理和外部业务均处于稳定期，内部管理日趋规范，同时外部业务稳健发展并尝试市场拓展和服务外包；发展新时期，成功转型为民办非企业单位，但因刚开始开展在长期护理保险制度下的服务供给工作，导致外部业务处于新探索期。接着，我们具体分析了 Z 镇居家养老服务中心的内部管理状况，发现其组织架构清晰、岗位职责明确、人员晋升有序、管理制度完善且管理流程成熟，但是存在服务派工有困难需协调和人员流动很少但难招聘等管理困境。然后，我们进一步考察了 Z 镇居家养老服务中心的外部业务状况，发现其服务流程清晰、服务标准规范且服务评价满意，因此其服务能够满足需求；其对家政市场有拓展尝试，也对服务项目和整体服务有外包情况；但是存在长期护理保险制度需与居家养老服务紧密衔接和外包临床护理服务项目存在可持续发展风险等服务困境。因此，在长期护理保险制度的新形势下，Z 镇居家养老服务中心将如何能够在追求自身生存和持续发展过程中，既要考虑到实现为居家老人提供长期护理服务的目标，又要不断提高自身持续发展的能力，这是值得我们进一步讨论的重大问题。

四、居家养老机构可持续发展探索

居家养老机构在成功转型为民办非企业单位不久后，就面临试行长期护理保险制度的艰巨考验。在新形势下，居家养老机构只有苦练内功转模式、勤修外功促发展，内外兼修才可持续！

1. 机构需重新定位并成为主流服务机构

在 Z 镇居家养老服务中心成功转型为民办非企业单位这类社会组织后，首要任务就是要明确自己的定位，进一步厘清与政府的关系。只有认清居家养老机构的本质，才能在今后的长期护理保险制度下成为主流服务机构。居家养老机构要明确定位为民办非企业单位。根据《上海市民办非企业单位登记实施办法》，民办非企业单位是指企业事业单位、社会团体和其他社会力量以及公民个人利用非国有资产举办的，从事非营利性社会服务活动的社会组织（上海市民政局，上海市社会团体管理局，2015）。因此，从性质上看，居家养老机构是民办非企业类型的社会组织。它与政府职能部门之间并不是领导与被领导、命令与服从的行政隶属关系，而是管理和被管理关系，是平等主体的关系。从服务内容上看，居家养老机构是社区养老服务机构中的居家照护服务机构，是须经法人登记且经营范围或主营业务为社区养老服务业务，具体而言就是通过上门服务方式为老年人提供专业化的居家照护服务；它既不是医疗类服务机构，也不是社区养老服务机构中的社区托养服务机构。居家养老机构在明确自己的定位并厘清与政府的关系后，在长期护理保险制度下要积极壮大自己，成为长期护理保险服务机构的中流砥柱。第一，居家养老机构要勇于充分享受民办非营利机构的各类优惠政策，积极发展居家养老服务项目；第二，居家养老机构应在社会力量参与养老服务市场竞争过程中，敢于积极应战，通过良性竞争提升服务质量、完善发展；第三，居家养老机构应主动利用政府提供的各类培训政策和财政补贴政策，努力提升自身护理员专业素质，完善人才结构，尽可能提升服务人员福利待遇，以稳定自身人员队伍发展。

2. 机构需在长期护理保险制度中调整服务模式

居家养老机构需要在长期护理保险制度中调整服务模式，才能够成为合格的长期护理保险定点护理服务机构。首先，居家养老机构要充分认识长期护理保险制度，要理解长期护理保险的社会保险性质，即长期护理保险制度是以社会互助共济方式筹集资金，对经评估达到一定护理需求等级的长期失能人员，为其基本生活照料和与基本生活密切相关的医疗护理提供服务或资金保障的社会保险制度（上海市人力资源和社会保障局，上海市医疗保险办公室，2017）。其次，居家养老机构要积极培训服务员尽快取得长期护理保险要求的健康照护、养老护理员（上岗证、初级、中级以上）和养老护理员（医疗照护）等证书，并尽快熟悉和操作27项基本生活照料服务的基本内容。最后，居家养老机构要快速熟悉长期护理保险的医保结算流程，能够正确地进行记账和汇总并申请结算。也就是说，居家养老机构要正确地对参保人员发生的、符合长期护理保险规定的社区居家照护费用予以记账，并需要根据参保人员长护险凭证、长护险服务项目、服务计划、服务确认报告等资料填写费用结算表和结算申报表，在计算机数据库数据、报表数据和结算申报表数据三者一致的情况下才能向所在地的区医保中心申请结算。

3. 政府需做好相关政策配套措施

居家养老机构在成功转型为民办非企业单位不久后，就面临试行长期护理保险制度的艰巨考验。因此，政府需要做好相关政策配套措施，才能够帮助居家养老机构尽快纳入长期护理保险制度中，为有需要的老人提供生活照料，也使得居家养老机构能够可持续发展下去。

首先，政府要继续扶持民办非企业性质居家养老机构发展并加大对其成为长期护理保险定点护理服务机构的"以奖代补"扶持力度。目前，政府对居家照护服务机构等非营利性社区养老服务机构实施"以奖代补"扶持政策，设立"招用持证养老护理人员奖"和"招用专技人员奖"，以促进社区居家养老服务工作的专业化发展（上海市民政局，上海市财政局，2018）。课题组建议政府对全市民办非企业性质居家养老机构申请成为长期护理保险定点护理服务机构中服务对象即居家老人的基本情况进行摸排，针对长期护理对象日益增多的情况，可根据服务的长期护理保险对象人数和评估等级加大对成为长期护理保险定点护理服务机构的民办非企业性质居家养老机构的"以奖代补"扶持力度，鼓励更多民办非企业性质居家养老机构参与到长期护理保险服务行业中。

其次，政府要实行鼓励劳动者从事长期护理保险服务业务的就业政策，对从事长期护理保险服务业务的从业人员进行适度的财政性岗位补贴。目前，社区居家养老服务等服务收费按照社区养老服务有关规定执行后也形成了养老服务补贴标准与本市最低小时工资同步调整的动态联动机制，但是居家养老服务员的工资待遇还是相对较低。课题组对 Z 镇居家养老服务中心管理人员进行访谈时，Z 镇居家养老服务中心服务部主任访谈对象 B1-ZY 曾谈到因服务员周末上班而帮助服务员申请了综合计算工时工作制，但是其中心的服务员工资待遇也不算高而导致少数人员流失。课题组建议政府对全市从事长期护理保险服务业务的从业人员的类型和工资水平进行摸排，然后对从事长期护理保险服务业务的从业人员进行适度的财政性岗位补贴，从而在一定程度上实实在在地改善其工资待遇，对稳定长期护理保险服务人员队伍也有极大的促进作用。

最后，政府要对申请成为长期护理保险定点护理服务机构的民办非企业性质居家养老机构进行长期护理保险服务业务记账和结算等方面的基础培训，协助居家服务机构尽快熟悉长期护理保险服务业务，从而使其快速从民政体系的居家服务转变为长期护理保险服务模式。居家服务机构提供居家养老服务已经有了十几年的历史，因此能熟练掌握民政体系下的居家服务供给工作。上海全面开展长期护理保险制度才刚开始，尚处于摸索阶段，因此对于长期护理保险结算模式也是陌生的，也处于摸索阶段。居家服务机构服务老人却是持续的、从未间断的工作，课题组建议政府对全市申请成为长期护理保险定点护理服务机构的民办非企业性质居家养老机构的基本情况进行摸排，然后对其进行长期护理保险服务业务的记账和结算等方面的基础培训，从而协助居家服务机构尽快度过长期护理保险业务的适应期，为有长期护理服务需求的老人提供所需服务。

目 录 / CONTENTS

绪　论

1.1 提出问题

随着我国人口老龄化进程加快，家庭养老功能日益弱化，老年人的居家养老已经成为重大的社会问题。我国居家养老服务"从无到有，从点到面，取得了较好进展，一个以保障高龄、独居、空巢、失能和低收入老人为重点，借助专业化养老服务组织，提供生活照料、家政服务、康复护理、医疗保健等服务的居家养老服务网络初步形成"，"养老服务的运作模式、服务内容、操作规范等也不断探索创新，积累了有益的经验"（民政部，2011）。但目前我国居家养老服务存在供给不足、比重偏低、质量不高等问题，尚未满足老年人日益增长的服务需求。本书拟对上海社区助老服务社进行实证研究，针对我国居家养老机构发展面临的突出问题及深层次原因，全面借鉴境外的经验教训，提出促进我国居家养老机构可持续发展的一些重大对策建议，并探索有中国特色的居家养老服务可持续发展之路，使其真正成为"破解我国日趋尖锐的养老服务难题，切实提高广大老年人生命、生活质量的重要出路"（全国老龄工作委员会办公室，国家发展和改革委员会等，2008）。

1.2 界定概念

课题组研究的对象是居家养老机构，选择上海社区助老服务社进行实证研究，以探索居家养老机构可持续发展之路。因此，报告将使用"居家养老服务"、"居家养老机构"、"社区助老服务社"和"可持续发展"四个概念。

居家养老服务是指政府和社会力量依托社区，为居家的老年人提供生活照料、家政服务、康复护理和精神慰藉等方面服务的一种服务形式；是对传统家庭养老模式的补充与更新；是我国发展社区服务，建立养老服务体系的一项重要内容（全国老龄工作委员会办公室等，2008）。具体而言，居家服务是指依托社区养老服务资源，为 60 周岁及以上有生活照料需求的居家老年人提供或协助提供生活护理、助餐、助浴、助洁、洗涤、助行、代办、康复辅助、相谈、助医等"十助"服务[1]。

居家养老机构是指为居家老人提供社区居家养老服务的机构，主要提供社区托养服务和居家照护服务等非医疗类服务（上海市民政局，2010）。目前，上海居家养老机构主要包括社区助老服务社、社区老年人日间服务中心[2]和社区老年人助餐服务点[3]等[4]。

社区助老服务社，也称为社区居家养老服务社、社区助老服务机构，是指上门为居家老年人提供社区居家养老服务的机构（上海市民政局，2010）[5]。

可持续发展是经济发展的重要内容，是指"既满足当代人的需要，又不对后代人满足其需要的能力构成危害的发展"。居家养老机构的可持续发展是指在追求自身生存和持续发展过程中，既要考虑到实现服务目标，又要不断提高机构持续发展的能力。编者主要是从内部管理和外部业务两方面来考察居家养老机构的可持续发展，即居家养老机构在追求自身生存和持续发展的过程中，既要考虑到实现为居家老人提供居家服务的目标，又要不断提高自身持续发展的能力。

1.3 文献综述

从 2000 年开始，居家养老在全国各地城市中陆续推广开来。阎青春

---

[1] "十助"服务的具体内容和服务要求可参考《社区居家养老服务规范》（上海市民政局，2010）。

[2] 社区老年人日间服务中心是指日间集中为居家老年人提供社区居家养老服务的机构（上海市民政局，2010）。

[3] 社区老年人助餐服务点是指社区中为老年人提供膳食加工配制、外送、集中用餐等服务的场所（上海市民政局，2010）。

[4] 有关上海居家养老服务机构的基本情况，请具体参考 3.1 上海居家养老机构的发展历史。

[5] 有关上海社区助老服务社的基本情况，请具体参考 3.2 上海社区助老服务社的发展路径。

（2009） 总结了我国各地在发展居家养老服务过程中形成的四种居家养老服务模式：政府主办、层级联动模式，政府主导、中介组织运作模式，政府资助、机构主办、连锁经营模式和政府购买服务、公司承办、市场运营模式。同春芬和汪连杰（2015 多元）认为我国居家养老服务运作模式主要有四种：依托非营利组织模式、市场化运作模式、社区主导模式和家庭主导模式。张红凤（2015）根据居家养老服务主要供给主体的不同，将山东省目前存在的居家养老服务供给模式划分为三种类型：基层群众自治组织供给模式、"政府—社会组织"合作供给模式、社区居家养老机构供给模式。柏萍和牛国利（2013）则认为有五种居家养老运作方式：第一类是政府主办，街道、社区组织服务队伍直接提供服务；第二类是由敬老院、福利院、老年公寓等已有的养老机构承接社区居家养老服务；第三类是政府委托非营利的社会组织（包括志愿者组织）承接社区居家养老服务；第四类是政府出资，由服务对象向商业企业购买服务；第五类是邻里互助，由老年人就近选择邻居、亲戚等作为养老服务员，开展"一对一"的居家养老服务。张波（2013）总结了当前中国居家养老实践中产生出的典型模式，如上海模式、南京模式、大连模式、宁波模式等；这些模式在组织体系、运行机制、资金来源、监督机制等方面都各具特点，同时也为中国居家养老的规范化推广积累了较为丰富的经验，包括政府主导、民间组织运作、开展多样化的服务内容、建立专业的服务队伍和建立科学的评估机构等。

在当前居家养老机构发展过程中，钟韵珊和苏振芳（2011）提出"强势"的政府主导制约了居家养老机构的发展，其具体体现在养老主体单一性和政府主导下社会照顾的计划性与整合度较低。其次，方秀云（2006）和阎安（2007）认为资金不足尤其是资金来源单一是制约居家养老机构发展的重要因素。钟韵珊和苏振芳（2011）也认为居家养老机构资金缺乏，社区居家养老资金不足。黄佳豪（2015）在合肥市社区居家养老的实践探索中也发现长效经费保障机制欠缺。再次，居家养老机构可支配资源有限，难以满足居家养老的实际需要（孙泽宇，2007）。柏萍和牛国利（2013）认为社区居家养老机构设施不完善且资源利用效率低下。李国娟和李气柏（2017）在调查石家庄部分居家养老服务中心后发现居家养老服务供给与需求不匹配。最后，为老服务人员素质较低、缺乏专业人才也阻碍了居家养老机构的发展（高秀艳，王娜，2007）。孙璐（2012）以扬州市两个市区为样本发现绝大部分服务人员不具备专业技能，无法向老人提供医疗护理和精神慰藉等较为高级的服务。黄佳豪（2015）在合肥市社区居家养老的实践探索中同样发现缺乏专业服务人员，管理人员也不足。为老服务人员素质较低、缺乏专业人才进而导致居家养老服务内容单一（柏萍，牛国利，2013），重"补救性"服务而轻"提升性"服务（钟韵珊，苏振芳，2011）。此外，宣传力度不够、社会和服务对象对居家养老的认同度不高也阻碍了居家养老机构的发展（柏萍，牛国利，2013；黄佳豪，2015）。

针对居家养老机构发展困境，柏萍等（2013）提出要确立居家养老服务的发展理念，即政府主导是居家养老服务体系中的首要原则。其中，政府职责具体包括：第一，政府应把居家养老服务业纳入当地国民经济和社会发展总体规划，明确居家养老事业发展的基本方针及社区养老工作的总体布局，出台相关政策，鼓励支持各类组织、企业和个人从事养老服务；第二，政府是居家养老资金的投资主体；第三，政府应有居家养老市场培育和监督职责，应建立居家养老服务企业、机构行业准入、等级评估和质量监控制度等（柏萍，牛国利，2013）。钟韵珊和苏振芳（2011）提出应完善社区的合作服务体系，包括激活社区内现有资源，培养社区居家养老专业服务人员；提高社区照顾的计划性与整合性；社区无障碍化改造，增强老年人社会参与能力等。在为老服务人员方面，针对上海目前为老服务人员严重的数量不足和质量不高问题，周海旺和寿莉莉（2011）建议加强老年服务人力资源的队伍建设，尤其是护理员队伍建设。邓大松和王凯（2015）也认为需要建立健全专职服务人员从业资格认证制度和职称序列等级管理制度，加强专业知识技能培训，定期对服务人员进行专业再培训，逐步提高专职服务人员待遇，以激励服务人员的工作积极性和吸引社会工作等专业毕业生参加居家养老工作。窦玉沛（2010）建议在服务队伍上，要走专业化、职业化和志愿者相结合的道路，建设一支专兼结合、结构合理、素质优良的人才队伍。在居家服务内容方面，杨宜勇和杨亚哲（2011）提出建设居家养老生活服务体系，以便捷养老为发展方向，加强卫生清扫和老年饭桌等便民服务的建设，满足老年人生活供养和日常照顾等需要。辜胜阻等（2017）也提出进一步将家庭、社区和服务机构有机结合，建立以专业化企业或机构为主体、社区为纽带、满足老年人各种服务需求的居家养老服务网络。桂世勋（2011）从上海人口老龄化的实际出发，提出进一步完善养老服务优惠政策，以促进居家养老机构的可持续发展。穆光宗（2014）提出衡量居家养老服务成功的四要素：第一，服务是否对口，即服务的产品和种类是否符合辖区老年人的共性需求及个性需要；第二，服务是否便捷，即对于服务是否方便，需要讨论服务半径、服务圈、服务触及面、服务覆盖面、服务可及性等共性话题；第三，服务是否优惠；第四，服务是否可靠。

1.4 研究设计

1.4.1 研究内容

本书主要包括现状研究、实证分析和可持续发展探索三部分：第一，现状研究包括部分发达国家居家服务机构经验及启示，以及我国居家服务机构研究现状评述；第二，筛选有代表性的上海社区助老服务社和实地调查被选社区助老服务社运作情况；第三，探索居家养老机构可持续发展道路。

1.4.2 研究方法

本书是基于现实背景和实证分析基础上的应用型研究。研究以中国居家养老机构发展的现实问题为出发点，以实现中国居家养老服务可持续发展为目的，广泛搜集和整理国内外相关文献，结合定性方法实地调查上海居家养老机构发展情况，联合高校教师与相关政府部门干部及时总结上海的新鲜经验，并全面借鉴境外经验教训、探索适合我国国情的居家养老机构可持续发展道路。主要包括以下几类研究方法：

（1）文献分析法

本书搜集整理了关于居家养老服务方面的政府文件、报告、研究成果和数据等，并对其进行筛选、分类、比较和总结。这些文献主要包括澳大利亚、英国和加拿大等部分发达国家在居家养老服务方面的政府文件、报告和研究成果，我国全国性相关政府文件和上海各级的相关政府文件，以及在居家养老服务方面的研究成果等。另外，本书还搜集整理了与居家服务相关的数据，如老年人口发展数据和养老服务机构数据等。

（2）比较研究法

本书运用比较研究方法，首先总结和对比澳大利亚、加拿大和英国的居家服务经验，探讨其发展困境，比较其异同，以促进我国居家服务的可持续发展；其次，在实证研究中，对比分析上海居家养老机构各发展阶段的主要特征，以探索居家服务机构可持续发展道路。

（3）个人访谈法

本书采用半结构性访谈提纲对筛选的上海社区助老服务社人员进行个人访谈，主要包括4类人群：第一类是社区助老服务社负责人；第二类是社区助老服务社管理人员，包括服务部部长、社工、片长、巡视员和康复师负责人；第三类是服务员兼管理人员，包括服务员和康复师；第四类是服务员。这些访谈的主要内容包括访谈对象基本人口特征、服务老人的工作经历以及现状、机构管理和发展情况等。

1.4.3 研究过程

本书主要包括以下三个研究阶段：

（1）准备阶段

首先是进行研究设计工作，例如提出研究对象、研究问题、研究框架和研究方法等；其次是筛选实证研究的社区助老服务社并进行实地观察。编者通过搜集上海社区助老服务社名单和上海社会组织名单，寻找建立相对较早的、在2017年左右转制成功的社区助老服务社，其后通过浦东新区民政局领导介绍顺利进入Z镇居家养老服务中心进行实地观察。浦东新区是继崇明区后上海市辖区范围内的第二大行政区。2016年末，浦东新区户籍人口为295.77万人，占全市户籍总人口的20.4%，是人口最多的上海市辖区；其中，60岁及以上户籍老年人口为86.57万人，占全区户籍总人口的29.3%；65岁及以上户籍老年人口为56.91万人，占全区户籍总人口的19.2%；80岁及以上户籍高龄人口为14.43万人，占全区户籍总人口的4.9%，占60岁及以上户籍老年人口的16.7%（上海市民政局等，2017）。上海浦东新区Z镇是上海市开展居家养老服务的7个试点街镇之一，Z镇居家养老服务中心成立于2002年，目前建筑面积1616平方米，是由Z镇人民政府出资举办[1]。Z镇居家养老服务中心是最早建立的上海社区助老服务社之一，也是顺利转制成功的民办非企业单位。课题组首先进入该机构进行实地观察，在此期间获得

---

〔1〕 资料来源为《Z镇居家养老服务中心创建规范化建设"AA"自查报告（2014年版）》。

有关 Z 镇居家养老服务中心发展情况的文件报告等资料，以利于熟悉被调查机构的基本情况和进行后续的访谈工作。

（2）数据收集阶段

首先是搜集整理有关居家养老服务的文献资料，主要包括澳大利亚、英国和加拿大等部分发达国家在居家养老服务方面的政府文件、报告和研究成果；我国全国性相关政府文件以及上海各级的相关政府文件；以及在居家养老服务方面的研究成果等。另外，还搜集整理了与居家养老服务相关的数据，如老年人口发展数据和养老服务机构数据等。

其次是进行个人访谈。2018 年 3 月—2018 年 5 月编者深入社区助老服务社开展个人访谈工作。编者根据事先设计的半结构性访谈提纲（见附件 1、附件 2、附件 3 和附件 4），对筛选的上海社区助老服务社人员进行个人访谈，主要包括 4 类人群，共计 16 人：第一类是社区助老服务社负责人 1 人；第二类是社区助老服务社管理人员，包括服务部部长 1 人、社工 1 人、片长 3 人、巡视员 1 人和康复师负责人 1 人；第三类是服务员兼管理人员，即组长 4 人；第四类是服务员 3 人和康复师 1 人（见表 1-1）。访谈的主要内容包括访谈对象基本人口特征、服务老人的工作经历以及现状、机构管理和发展情况等。访谈主要是在 Z 镇居家养老服务中心会议室进行。在取得访谈对象的同意后，我们对访谈对话进行了全程录音。每次访谈由一位访谈对象和一位访谈者参加，持续时间为 50~120 分钟左右。访谈者准备的材料包括访谈提纲、笔、笔记本和录音设备等。

（3）数据分析阶段

我们将访谈的全程录音逐句转录为书面文本。每个访谈的时间长度约为 60 分钟，最短的访谈时间为 50 分钟，最长的访谈时间为 120 分钟；转录为文本的文字字数在 10000 字左右，字数最少的为 9476 字，字数最多的为 26845 字。然后根据访谈提纲分析访谈资料。在搜集和整理 Z 镇居家养老服务中心的相关资料和访谈记录后，我们能够全面掌握该机构内部管理和外部业务的基本情况，进而从内部管理和外部业务两方面来考察该机构可持续发展，即居家养老机构在追求自身生存和持续发展过程中，既要考虑到实现为居家老人提供居家服务的目标，又要不断提高自身持续发展的能力。

表1-1 Z镇居家养老服务中心访谈对象的基本情况

编号	姓名	性别	年龄	婚姻状态	子女数	文化程度	来源地	机构工龄	职位	岗位
A1	QHY	女	45	已婚	1女	大专	本地	12年	中心主任	负责人
B1	ZY	女	44	已婚	1女	高中	本地	6年	服务部部长	管理人员
B2	WXF	女	31	已婚	1女	大本	本地	7年	社工	管理人员
B3	WYH	女	43	已婚	2子	初中	本地	6年	片长	管理人员
B4	CJP	女	53	已婚	1子	初中	本地	13年	片长	管理人员
B5	LLP	女	37	已婚	1女	初中	本地	6年	片长	管理人员
B6	FJB	男	55	已婚	1女	初中	本地	8年	巡视员	管理人员
B7	LY	男	30	未婚	0	大本	外地	3年	康复师负责人	管理人员
C1	LZR	女	49	已婚	1子	初中	外地（本地媳妇）	12年	组长	服务员兼管理人员
C2	LYP	女	48	已婚	2子	高中	本地	11年	组长	服务员兼管理人员
C3	YAH	女	44	已婚	1子	初中	本地	2年	组长	服务员兼管理人员
C4	WYJ	女	47	已婚	1女	初中	本地	12年	组长	服务员兼管理人员
D1	LJF	女	49	已婚	1子	大专	本地	3年	服务员	服务员
D2	HMJ	女	49	已婚	1女	初中	本地	3年	服务员	服务员
D3	ZGH	女	40	已婚	1女	初中	本地	3年	服务员	服务员
D4	LR	女	30	已婚	1女	大专	外地	3年	康复师	服务员

资料来源：根据课题组访谈资料整理而成。

1.5 创新之处

本研究成果的创新之处主要体现在以下几个方面：

　　第一，通过搜集整理发达国家居家服务的相关政策、文件和论文等文献资料，系统总结了在开展居家服务方面已经积累了相当丰富经验并建立了较为完备服务体系的澳大利亚、加拿大和英国的经验，探讨其发展困境，比较其异同，以促进我国居家服务的可持续发展。通过比较澳大利亚、加拿大和英国的居家服务，我们发现这三个国家在开展居家养老服务方面均积累了丰富经验，也建立了较为完备的服务体系。澳大利亚建立了全国统一的居家服务体系，为孱弱老人、残疾人等提供基础性支持服务，以增强他们独立生活的能力并避免或推迟入住长期照料机构。加拿大虽然没有开展全国统一的居家服务，但所有省、地区都建立了自己的居家服务体系，帮助部分或完全丧失居家生活能力的人群，为其提供预防、延缓或替代所需的长期照料或重度照料的一系列服务，以满足他们的生理、心理、社交、精神和情绪等多种需要，使他们能够留在家中独立生活并尽可能多地与亲友接触。英国并未建立专门的居家服务体系，而是由中央政府卫生部和区域性卫生部门通过国民医疗保健制度在全国范围内提供居家医疗服务，地方政府在其管辖范围内提供居家社会服务。然而，上述三个国家的居家养老服务也并非尽善尽美，都或多或少地存在着这样或那样的问题。澳大利亚联邦政府和州、地区政府提供的居家服务经费增长速度低于客户自付部分增长速度；加拿大的居家照料缺乏相应的国家立法，经由地方政府全权负责筹资、管理以及服务供给，导致了各省、地区的居家服务在融资规模、发展阶段和管理等方面存在巨大差异；英国的居家服务使用者不满意目前的服务配送方式、不稳定的服务质量和服务队伍等。但澳大利亚、加拿大和英国的居家服务有着类似之处：首先，都建立了与居家服务相关的法律法规以确保服务的顺利开展；其次，政府在居家服务项目中都承担了重要的作用；最后，各国的居家服务内容也大致相同，大都包括了支持有需要的人群能够在社区中独立生活的相关服务。然而，他们在居家服务方面有其自己的特点，最显著的差异是统筹的程度，即是否在国家层面上建立统一的居家服务制度。其次是对居家服务重要性的认识程度也有差异。对照澳大利亚、加拿大和英国的居家服务发展状况，我们发现居家养老服务与多种因素息息相关。思想上的高度重视，能够集思广益；建立正式的、全国性的居家服务体系，可以打破发展不平衡状态；加强居家服务的立法，能够保障居家养老服务机制在实践中的执行力度；建立专门的居家养老服务管理机构，能够从管理层面上保障居家养老服务的顺利开展；建立居家养老专项资金，可以保证稳定的居家养老服务资金来源，确保专款专用；大力发展居家服务机构，能够为逐步开放的居家服务市场提供供给保障；探索多种收费模式，制定不同的收费标准，能够保障服务使用者在其支付能力承受范围内获得所需服务；构建居家服务体系的评估制度及其配套制度，能够为进一步提高居家养老服务质量提供坚实的数字基础。我们学习澳大利亚、加拿大和英国的居家服务经验，有助于为我国居家养老服务的发展提供有益借鉴，从而更好地促进我国居家养老服务体系的可持续发展。

第二，通过搜集整理上海居家养老机构发展的相关政策、文件和论文等文献资料，在简要回顾上海居家养老机构发展历史的基础上，以社区助老服务社为例，完整梳理了社区助老服务社发展路径，归纳其主要特征，并试图讨论政府与服务机构之间的关系，以促进其可持续发展。我们在简要回顾上海居家养老机构发展历史的基础上，以社区助老服务社为例，总结社区助老服务社发展路径及其主要特征为：在建立初期，政府培育市场、机构快速成长；机构定位为非正规就业劳动组织或是民办非企业单位，为所在街道（镇）的老人提供居家养老服务；政府财政强力扶持，在社区助老服务社的开办、运营、培训和员工补贴等多方面给予资助；建立了较为完善的养老服务需求评估体系；居家养老服务的目标人群是从有服务需求的、符合政策要求并获得政府补贴的少数居家老人开始的，逐渐扩大到有服务需求的、符合较宽泛政策要求并获得政府补贴的部分居家老人，然后发展为有服务需求的、包括符合更宽泛政策要求并获得政府补贴的部分老人在内的大部分居家老人；建立了标准化居家养老服务工作流程，即"申请—评估—审批—服务确认—服务提供—变更—终止"。在发展稳定期，政府监管市场、机构稳定发展；机构定位为属于社区养老服务机构中的居家照护服务机构，是通过上门服务方式为老年人提供专业化的居家照护服务；政府通过购买社区助老服务社等提供的社区居家养老服务项目，以管理居家服务机构。政府通过建立健全的养老基本公共服务合格供应商监管机制，加强对社区助老服务社等居家服务机构的监督；政府制定专项规划，加强护理人员队伍建设，以解决包括居家养老护理人员在内的养老护理人员数量不足、结构不合理等问题。在发展转型期，机构转型并纳入长期护理保险体系以寻求新发展；属于非正规就业劳动组织的社区助老服务社必须转型发展，可转制为民办非企业或者企业，或者安置其从业人员到其他用人单位工作；社区居家照护服务纳入长期护理保险范畴，社区养老服务组织可申请成为长期护理保险定点护理服务机构。其后，我们试图讨论政府与服务机构之间的关系，以促进其可持续发展。首先，政府要处理好与服务机构的关系，确保政府主导地位。只有厘清政府在社区助老服务社等养老服务机构发展中的职责及具体内涵，即"哪些是该管的"以及"怎样管好该管的"，必须学会"放手"和"抓牢"，才能确保其真正的主导作用。其次，服务机构要处理好与政府的关系，明确服务机构定位。社区助老服务社在转型后应明确自己的定位，进一步厘清与政府的关系，在长期护理保险制度下积极壮大自己，成为长期护理保险服务机构的中流砥柱。

第三，实证考察 Z 镇居家养老服务中心，全面掌握其发展路径，并通过个人访谈分析其内部管理状况和外部业务状况，以考察在长期护理保险制度的新形势下 Z 镇居家养老服务中心的可持续发展道路，即在长期护理保险制度的新形势下 Z 镇居家养老服务中心如何能够在追求自身生存和持续发展过程中，既要考虑到实现为居家老人提供长期护理服务的目标，又要不断提高自身持续发展的能力。编者通过搜集上海社区助老服务社名单和上海社会组织名单，寻找建立相对较早的、在 2017 年左右转制成功的社区助老服务社，其后通过浦东新区民政局领导介绍顺利进入 Z 镇居家养老服务中心进行实地观察。上海浦东新区 Z 镇是上海市开展居家养老服务的 7 个试点街镇之一，Z 镇居家养老服务中心是 2002 年建立的社区助老服务社，是属于上海最早建立的社区助老服务社之一，也是顺利转制成功的民办非企业单位。在实地观察期间，编者获得有关 Z 镇居家养老服务中心发展情况的文件报告等资料，以利于熟悉被调查机构的基本情况和进行后续的访谈工作。

在整理分析 Z 镇居家养老服务中心的文件资料和对其管理人员及服务人员进行个人访谈的基础上，我们首先回顾了 Z 镇居家养老服务中心的发展路径，即发展初期，内部管理和外部业务均处于摸索期；发展中期，内部管理和外部业务均处于稳定期，内部管理日趋规范，同时外部业务稳健发展并尝试市场拓展和服务外包；发展新时期，成功转型为民办非企业单位，但因刚开始开展在长期护理保险制度下的服务供给工作，导致外部业务处于新探索期。接着，我们具体分析了 Z 镇居家养老服务中心的内部管理状况，发现其组织架构清晰、岗位职责明确、人员晋升有序、管理制度完善且管理流程成熟，但是存在服务派工有困难、需协调和人员流动很少且难招聘等管理困境。然后，我们进一步考察了 Z 镇居家养老服务中心的外部业务状况，发现其服务流程清晰、服务标准规范且服务评价满意，因此其服务能够满足需求；其对家政市场有拓展尝试，也对服务项目和整体服务有外包情况；但是存在长期护理保险制度需与居家养老服务紧密衔接和外包临床护理服务项目存在可持续发展风险等服务困境。因此，在长期护理保险制度的新形势下，Z镇居家养老服务中心将如何能够在追求自身生存和持续发展过程中，既要考虑到实现为居家老人提供长期护理服务的目标，又要不断提高自身持续发展的能力，是值得我们进一步讨论的重大问题。

第四，积极探索居家养老机构的可持续发展道路，提出居家养老机构必须苦练内功转模式、勤修外功促发展，内外兼修才可持续！首先，机构需重新定位并成为主流服务机构。在Z镇居家养老服务中心成功转型为民办非企业单位这类社会组织后，首要任务就是要明确自己的定位，进一步厘清与政府的关系。只有认清居家养老机构的本质，才能在今后的长期护理保险制度下成为主流服务机构。居家养老机构要明确定位为民办非企业单位。根据《上海市民办非企业单位登记实施办法》，民办非企业单位是指企业事业单位、社会团体和其他社会力量以及公民个人利用非国有资产举办的，从事非营利性社会服务活动的社会组织（上海市民政局，上海市社会团体管理局，2015）。因此，从性质上看，居家养老机构是民办非企业类型的社会组织。它与政府职能部门之间并不是领导与被领导、命令与服从的行政隶属关系，而是管理和被管理关系，是平等主体的关系。从服务内容上看，居家养老机构是社区养老服务机构中的居家照护服务机构，是须经法人登记且经营范围或主营业务为社区养老服务业务，具体而言就是通过上门服务的方式为老年人提供专业化的居家照护服务；它既不是医疗类服务机构，也不是社区养老服务机构中的社区托养服务机构。居家养老机构在明确自己的定位并厘清与政府的关系后，在长期护理保险制度下要积极壮大自己，成为长期护理保险服务机构的中流砥柱。一是居家养老机构要勇于充分享受民办非营利机构的各类优惠政策，积极发展居家养老服务项目；二是居家养老机构应在社会力量参与养老服务市场竞争过程中，敢于积极应战，通过良性竞争提升服务质量、完善发展；三是居家养老机构应主动利用政府提供的各类培训政策和财政补贴政策，努力提升自身护理员的专业素质，完善人才结构，尽可能提升服务人员福利待遇，以稳定自身人才队伍发展。其次，机构需在长期护理保险制度中调整服务模式。居家养老机构需要在长期护理保险制度中调整服务模式，才能够成为合格的长期护理保险定点护理服务机构。一是居家养老机构要充分认识长期护理保险制度，要理解长期护理保险的社会保险性质，即长期护理保险制度是以社会互助共济方式筹集资金，对经评估达到一定护理需求等级的长期失能人员，为其基本生活照料和与基本生活密切相关的医疗护理提供服务或资金保障的社会保险制度（上海市人力资源和社会保障局，上海市医疗保险办公室，2017）。二是居家养老机构要积极培训服务员尽快取得长期护理保险要求的健康照护、养老护理员（上岗证、初级、中级以上）和养老护理员（医疗照护）等证书，并尽快熟悉和操作 27 项基本生活照料服务的基本内容。三是居家养老机构要快速熟悉长期护理保险的医保结算流程，能够正确地进行记账和汇总并申请结算。也就是说，居家养老机构要正确地对参保人员发生的、符合长期护理保险规定的社区居家照护费用予以记账，并需要根据参保人员长期护理保险凭证、长期护理保险服务项目、服务计划、服务确认报告等资料填写费用结算表和结算申报表，在计算机数据库数据、报表数据和结算申报表数据三者一致的情况下才能向所在地的区医保中心申请结算。最后，政府需做好相关政策配套措施。居家养老机构在成功转型为民办非企业单位不久后，就面临试行长期护理保险制度的艰巨考验。因此，政府需要做好相关政策配套措施，才能够帮助居家养老机构尽快纳入长期护理保险制度中，为有需要的老人提供生活照料，也使得居家养老机构能够可持续发展下去。一是政府要继续扶持民办非企业性质的居家养老机构的发展，并加大对其成为长期护理保险定点护理服务机构的"以奖代补"扶持力度。目前，政府对居家照护服务机构等非营利性社区养老服务机构实施"以奖代补"扶持政策，设立"招用持证养老护理人员奖"和"招用专技人员奖"，以促进社区居家养老服务工作的专业化发展（上海市民政局，上海市财政局，2018）。课题组建议政府在全市民办非企业性质的居家养老机构申请成为长期护理保险定点护理服务机构时对服务对象即居家老人的基本情况进行摸排，针对长期护理对象日益增多的情况，可根据服务的长期护理保险对象的人数和评估等级加大对成为长期护理保险定点护理服务机构的民办非企业性质的居家养老机构的"以奖代补"扶持力度，鼓励更多民办非企业性质的居家养老机构参与到长期护理保险服务行业中。二是政府要实行鼓励劳动者从事长期护理保险服务业务的就业政策，对从事长期护理保险服务业务的从业人员进行适度的财政性岗位补贴。目前，社区居家养老服务等服务收费按照社区养老服务有关规定执行后也形成了养老服务补贴标准与本市最低小时工资同步调整的动态联动机制，但是居家养老服务员的工资待遇还是相对较低。编者对 Z 镇居家养老服务中心管理人员进行访谈时，Z 镇居家养老服务中心服务部主任即访谈对象 B1-ZY 曾谈到因服务员周末上班而帮助服务员申请了综合计算工时工作制，但是其中心的服务员工资待遇也不算高，从而导致少数人员流失。编者建议政府对全市从事长期护理保险服务业务的从业人员的类型和工资水平进行摸排，然后对从事长期护理保险服务业务的从业人员进行适度的财政性岗位补贴，从而在一定程度上实实在在地改善其工资待遇，对稳定长期护理保险服务人员队伍也有极大的促进作用。三是政府要对申请成为长期护理保险定点护理服务机构的民办非企业性质的居家养老机构进行长期护理保险服务业务记账和结算等方面的基础培训，协助居家服务机构尽快熟悉长期护理保险服务业务，从而使其快速从民政体系的居家服务转变为长期护理保险服务模式。居家服务机构提供居家养老服务已经有了十几年的历史，因此熟练掌握民政体系下的居家服务供给工作。上海全面开展长期护理保险制度才刚开始，尚处于摸索阶段，因此对于长期护理保险结算模式也是陌生的，也处于摸索阶段。居家服务机构服务老人却是持续的、从未间断的工作，编者建议政府对全市申请成为长期护理保险定点护理服务机构的民办非企业性质的居家养老机构的基本情况进行摸排，然后对其进行长期护理保险服务业务的记账和结算等方面的基础培训，从而协助居家服务机构尽快度过长期护理保险业务的适应期，为有长期护理服务需求的老人提供所需服务。

发达国家居家服务经验启示

居家服务（Home Care），也称为居家与社区照料服务（Home and Community Care-HACC），或以家庭和社区为本的服务（Home and Community-based Care-HCBC）。我们主要从政府职责、服务供给和服务使用等三方面阐述澳大利亚、加拿大和英国的居家服务经验，探讨其发展困境，比较其异同，以促进我国居家服务的可持续发展[1]。

2.1 部分发达国家居家服务经验

目前，澳大利亚、加拿大、英国等发达国家在开展居家养老服务方面已经积累了相当丰富的经验，并建立了较为完备的服务体系，其居家服务机构发展也趋于成熟，使其成为应对人口老龄化的积极措施之一。

2.1.1 澳大利亚居家服务经验

澳大利亚建立了全国统一的居家服务体系，为孱弱老人、残疾人等提供基础性支持服务，以增强他们独立生活的能力并避免或推迟入住长期照料机构（Australian Government Department of Health and Ageing，2007a）。

（1）政府职责

澳大利亚建立了全国统一的居家服务体系，由联邦政府和州、地区政府两级政府共同承担居家服务的计划、融资和报告等工作，联邦政府主要负责

---

〔1〕 本章内容是课题组已发表的项目阶段性成果《英国居家照料服务及其对我国的启示》、《澳大利亚居家养老服务研究》和《澳大利亚、加拿大和英国居家服务比较研究》。

全国的居家服务发展，而州、地区政府主要负责居家服务的日常行政管理工作（Australian Government Department of Health and Ageing, 2007c）（见图 2-1）。联邦政府联合州、地区政府，根据政府官员、服务提供者和使用者等利益攸关者提供的咨询意见和最小数据集[1]等信息，共同制定包括关于居家服务战略发展方向和工作重点的《国家三年战略计划》（the National Triennial Strategic Plan）在内的发展战略、优惠政策和资金分配计划，并编制年度工作总结报告；而州、地区政府则需要制定本地区居家服务的服务要求、发展趋势、优先优惠政策、突发问题应对策略以及地区内各区域的战略发展方向和工作重点等的年度计划（the State or Territory Annual Program Plans）（Australian Government Department of Health and Ageing, 2007a）。联邦政府和州、地区政府每年共同商定居家服务拨款金额，两级政府财政拨款组成项目资金；然后，州、地区政府根据各区域所需服务数量、水平和类型等制定资金配置方案并得到联邦政府和州、地区政府相关部长共同批准、记录在两级政府的三年计划中后，筛选区域性服务机构、订立服务合同并拨款，待服务机构提供服务并递交工作总结报告后清偿超过预算部分（Australian Government Department of Health and Ageing, 2007c）。各州、地区政府根据区域性服务机构的工作总结报告，编制年度工作报告并提交联邦政府。该报告的主要内容包括各州、地区项目资金实际使用情况、服务数量和质量以及三年计划所涉及的优惠政策实际执行情况等（Australian Government Department of Health and Ageing, 2007c）。在州、地区政府的年度工作报告基础上编制的联邦政府年度工作报告主要包括了居家服务计划的主要绩效指标，如目标群体的总人数及构成情况、原住民占各组使用者比重、各种族使用者占各组使用者比重、每三年计划期中评为"好"及其以上标准的服务机构比重、提供最小数据集的服务机构比重、有预算剩余的服务机构比重和主要服务类型的平均单位成本等（Australian Government Department of Health and Ageing, 2007c）。

---

〔1〕 最小数据集（Minimum Data Set）的具体内容，可参考澳大利亚医疗福利研究所（the Australian Institute of Health and Welfare-AIHW）的相关出版刊物（http://www.aihw.gov.au/publications/）。

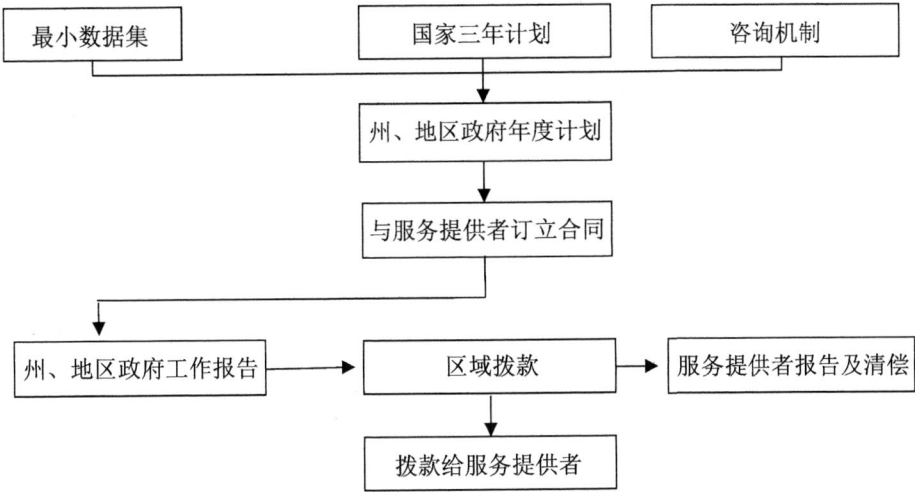

图2-1 澳大利亚居家服务体系中的政府工作流程

资料来源：Department of Health and Ageing，2002.

（2）服务供给

澳大利亚的居家服务供给是指州、地区政府与"有资格的机构"订立正式书面服务合同，将预算资金划拨到机构，由机构向服务使用者提供的服务（Australian Government Department of Health and Ageing，2007a）。"有资格的机构"定义为与国家居家服务项目的基本原则和目标相符的、有能力提供与合同条款相符的法定服务实体，包括地方政府、社区机构、宗教和慈善组织、州和地区政府所属机构和私人营利组织等（Australian Government Department of Health and Ageing，2007a）。居家服务合同的内容包括合同期限、服务变动或取消时州和地区政府的权利、拨款后服务的供给、服务收费、机构费用报告、服务质量标准及其监督和衡量方法、目标人群和获得服务的优先权、财务管理、附带需提供的其他服务的要求、服务评估、数据收集和报告事项等"核心条款"（Australian Government Department of Health and Ageing，2007a）。具体的服务类型包括家务帮助，如打扫房屋、清洁厨具、洗烫衣物、代为购物和代付账单；社交支持，如拜访、代写信件、陪同购物和付账单、银行和电话等监督服务；护理服务；医疗服务，如足疗、职业病治疗、物理治疗、社会工作、语言能力治疗、饮食营养建议等专科医生提供的服务；日常生活照料，如吃饭、洗澡、清洁、如厕、穿衣、起床和睡觉、房内移动；日间护理中心服务；送饭和其他食物服务；暂歇服务；评估、协调客户照料服务和个案管理；房屋修理；提供物品和设备；为服务使用者及其照料者提供咨询和支持，告知最新信息并代为转达意见建议等（Australian Government Department of Health and Ageing，2007c）。服务地点包括使用者家中、养老机构、活动室、社区或养老机构内的公共场所等（Australian Government Department of Health and Ageing，2007c）。澳大利亚政府从1991年开始采用《居家和社区照料服务国家标准》以评估服务质量；该标准包括7项国家统一目标和27项服务标准，并用《国家服务标准工具》（National Service Standards Instrument-NS-SI）来衡量（Australian Government Department of Health and Ageing，2007c）（见图2-2）。澳大利亚医疗服务协会撰写的《居家和社区照料服务项目国家标准的三年评估报告》表明，29%的参评机构所提供的服务评定为"好"，18%为"一般"，7%为"差"；并建议政府应继续规定所有州、地区政府都要求其辖区的居家服务机构参与质量评估，且评估工作应以提高质量和遵循《国家服务标准工具》为重点（Australian Healthcare Associates，2005）。

（3）服务使用

澳大利亚居家服务的目标群体是指没有基础服务支持条件下，存在永久性或不适当入住长期照料机构风险的社区居民，包括：①患有中度或重度残疾的孱弱病人和老人；②患有中度或重度残疾的青年人；③联邦政府和州、地区政府认定的其他人群；④上述人群的无偿照料者等（Australian Government Department of Health and Ageing，2007a；2007c）。其中，特殊目标群体包括除英语外的其他文化和语言背景的人群、原住民、痴呆者、经济困难人群以及偏远地区人群（Australian Government Department of Health and Ageing，2007c）。目标人群必须接受服务需求评估，即鉴别目标人群所需服务类型和强度的一系列活动，是对服务使用者进行评估和再评估的过程，包括资格审查、服务需求和优先权的确定、预期目标以及转介、协调、审核和数据收集等工作。评估的类型和内容取决于目标人群服务需求的复杂程度，主要包括以下三种类型：①简单评估。这类目标群体的服务需求相对单一，他们会直接联系服务机构，共同决定服务需求和供给。服务机构负责日常监督工作和评估目标群体的服务需求，以确保服务能满足其需求。②综合评估。这类评估的对象是服务需求相对复杂的目标群体，其目的是提高评估结果并减少多次重复评估（Australian Government Department of Health and Ageing，2007a；

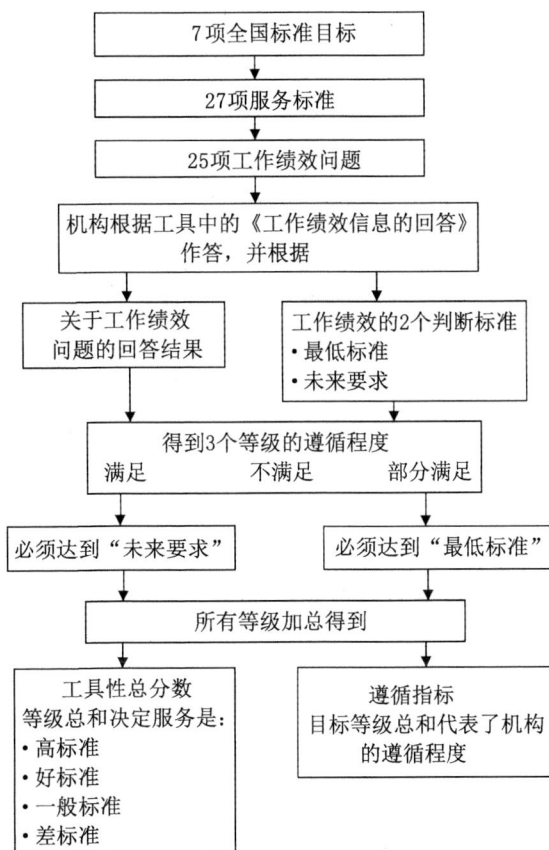

图 2-2　澳大利亚居家服务《全国服务标准工具》使用指南

资料来源：Australian Government Department of Health and Ageing, 2007a；HACC Standards Working Group（Sub-group of HACC Officials），undated.

2007c）。③特殊服务评估。提供特殊服务的机构需要鉴别客户个人的特殊服务需求，例如送餐服务机构需要明确客户的饮食偏好、送餐时间等，护理服务机构需要了解客户会过敏的药品等。即使客户已经进行过简单评估或综合评估，申请特殊服务的客户仍需要进行这类评估（见图 2-3）。在咨询服务使用者和提供者基础上，联邦和州、地区政府颁布了《居家和社区照料服务费用草案》（以下简称《草案》）（the Draft HACC Fees Policy），以促使各州、地区政府在《草案》基础上公平和公正地制定服务收费标准（Australian Government Department of Health and Ageing, 2007c）。该《草案》主要由两部分内容构成：第一部分是制定服务收费标准的基本原则，主要强调了服务可得性、平等性、可支付性以及使用者权利和隐私等；第二部分是执行收费政策中的注意事项等。该草案建议使用者所支付的费用额度应取决于使用者的收入水平以及所获服务数量，因为90%以上的使用者依赖于不同形式的养老金或收入支持津贴（Australian Government Department of Health and Ageing，2007c）。另外，澳大利亚还于1992年颁布了相关的国家投诉政策，规定居家服务计划的所有服务机构都必须建立相关的客户投诉机制，快速、公平和私密地处理争端，并不得对客户及其家庭成员、照料者产生不良影响；州、地区政府必须负责外部独立监督，以确保客户投诉机制的可能性和有效性（Australian Government Department of Health and Ageing，2002）。

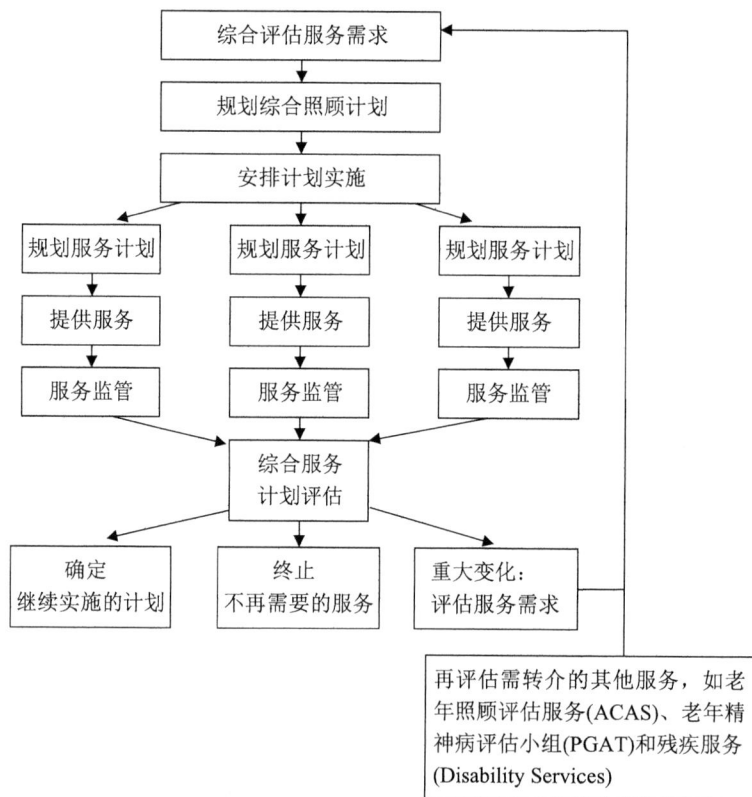

图2-3　针对多种服务需求人群的综合评估、制定服务计划和提供服务

资料来源：Commonwealth Department of Health and Family Services，1998.

(4) 面临困境

澳大利亚联邦政府和州、地区政府虽然承担了大部分居家服务经费并且资金额度也逐年增长，但仍低于客户自付部分的增长速度，从而使得公共部分占项目总经费的比重下降，变相地加重了服务使用者的经济负担。澳大利亚联邦政府为这一服务项目提供了大约 60% 的资金 (Australian Government Department of Health and Ageing, 2004；2007c)。在 2003 年—2004 年，联邦政府拨款达 7.32 亿澳元，较 1995 年~1996 年增加了 70% 以上；加上州、地区政府财政的拨款，该年项目资金总额达到 12 亿澳元 (Australian Government Department of Health and Ageing, 2004)。2006 年—2007 年，联邦政府拨款 9.28 亿澳元，加上州、地区政府的财政拨款，该年项目资金达 15 亿澳元 (Australian Bureau of Statistics, 2008)。McCallum 等 (1998) 根据新兰威尔士州的数据，预测了居家服务资金总额将从 2001 年的 7.22 亿澳元增加到 2011 年的 8.67 亿澳元、2021 年的 10.01 亿澳元和 2031 年的 12.75 亿澳元[1]。而事实上，大多数服务使用者的经济支付能力是有限的。根据《2005 年—2006 年居家和社区照料服务最小数据集年度报告》(Home and Community Care Program Minimum Data Set 2005-06 Annual Bulletin)，92.4% 的使用者都得到政府资助，其中 65.6% 的有基本养老金[2]，13.2% 的有退伍军人津贴[3]，9.2% 的有残疾人津贴[4] (Australian Government Department of Health and Ageing, 2007b)。Howe (2000) 估计 20% 以上的项目资金现已由服务使用者自己支

---

　[1] McCallum 等的预测数据是以 1996~1997 年价格为基准，并剔除了通货膨胀等因素。

　[2] 基本养老金 (Age Pension) 是澳大利亚养老制度的第一支柱，其目的是为劳动者提供最基本的老年生活保障。其来源于税收，由政府财政支付。目前申请人男性需满 65 岁，女性需满 63 岁。领取条件是退休后收入达到全国最低收入水平并通过 Centrelink 申请并获得批准。基本养老金每两周支付一次，支付期限至领取人死亡为止。目前的领取额度为：领取人为单身的，每次可领取 546.80 澳元；为夫妻俩的，每人每次领取 456.80 澳元。领取全额或部分基本养老金者在医疗、交通方面还可获得不同程度的优惠。其具体内容可参考 http://www.centrelink.gov.au。

　[3] 退伍军人津贴 (Department of Veterans' Affairs Pension) 是澳大利亚国家退伍军人事务部为退伍军人发放的残疾津贴或为阵亡军人亲属发放的抚恤金。其具体内容可参考 http://www.dva.gov.au/pensions/mainpe.htm，最后访问日期：2012 年 10 月 11 日。

　[4] 残疾人津贴 (Disability Support Pension) 是澳大利亚为病人、伤者和残疾人提供的津贴。申请人须在 16 岁及以上、能领取基本养老金的年龄以下；并且经过评估因伤、病、残不能工作，或通过再培训后两年内仍不能承担每周 15 小时及以上工作；或永久性眼盲；或获得支持型工资收入。每两周领取一次，目前津贴的额度为每人每次 295.10~546.80 澳元。其具体内容可参考：http://www.centrelink.gov.au/internet/internet.nsf/payments/disability_support.htm，最后访问日期：2012 年 10 月 11 日。

付，即使没有官方统计过使用者付费数据，也没有数据验证这些经费是否有助于增加服务供给或减少政府支出。因此，在不断增加项目投入资金的条件下，如何帮助居家服务使用者能够支付服务费用并独立地生活在家中，是澳大利亚政府目前亟需解决的难题之一。

2.1.2 加拿大居家服务经验

加拿大虽然没有开展全国统一的居家服务，但所有省、地区都建立了自己的居家服务体系，帮助部分或完全丧失居家生活能力的人群，为其提供预防、延缓或替代所需长期照料或重度照料的一系列服务，以满足他们生理、心理、社交、精神和情绪等多种需要，使他们能够留在家中独立生活并尽可能多地与亲友接触（Federal/Provincial/Territorial Working Group on Home Care，1990；Health Canada，2004）。

（1）政府职责

加拿大没有开展全国统一的居家服务，但所有省、地区都建立了自己的居家服务体系。联邦政府主要负责建立医疗服务的国家准则，通过《加拿大医疗卫生法》附加条款中的"加拿大医疗和社会服务转移支付"（the Canada Health and Social Transfer – CHST）来资助居家服务等延伸性医疗服务（extended health care services）；此外，联邦政府也直接资助与居家服务相关的研究和试点项目（Health Canada，1999a）。加拿大各省、地区政府主要负责其辖区内的居家照料及其他医疗服务，通过"加拿大医疗和社会服务转移支付"、地方财政拨款和使用者付费等渠道为居家服务融资（Health Canada，1999b）。联邦政府提供的"加拿大医疗和社会服务转移支付"与省、地区政府提供的拨款按照1:1比例，组成医疗和社会服务资金。省、地区政府自主决定资金在各类医疗和社会服务间的配置方案，制定相关政策、服务计划、配送标准和监督方式等（Health Canada，1999b）。然而，各省、地区的居家服务融资规模很不均衡，如1999年爱德华王子岛省实际人均居家服务费用为24加元，而同年马尼托巴省则为124加元（Health Canada，2000）。省、地区的整体医疗服务经费规模也不尽相同，在居家照料等各种医疗和社会服务中的资金分配方案、对各类居家服务的资源配置重点也不相同（Coyte，2000）。另外，使用者付费已成为居家服务可持续发展的重要资金来源，2000年该类经费已占整个居家服务经费的 20% 左右，约 6.40 亿加元（Canadian Home Care Association, 2001）。各省、地区的医疗服务管理方式也存在差异。除了安大略省以外，其他省、地区都将管理权分散到辖区内各个区域，在区域内建立了管理居家照料等医疗服务的行政机构，以负责本地医疗服务的融资、成本核算、工作考核和推广，包括疾病预防、基础护理、急性护理和长期照料等；安大略省则建立了全省统一的医疗服务管理机构——医疗和长期照料部，负责全省医疗服务的行政工作（Sharkey, Larsen & Mildon, 2003）。

（2）服务供给

虽然加拿大各省、地区居家服务体系提供的服务内容不完全相同，但主要有两大服务类型，即护理、康复和个案管理等专业服务以及家务服务、个人护理、交通服务等居家支持服务（Anderson & Parent, 1999）。居家服务具体包括：①个案管理，即评估客户需求后的管理工作，以满足客户服务需求和确保服务配送正确；②居家护理，包括在家和社区中的护理照料，指导客户及其家庭成员自我照料和监督护理员工作等；③个人照料，即为客户提供洗澡、足部护理和穿衣等服务；④家务服务，包括打扫房间、洗衣、煮饭；⑤暂歇服务，即当客户的家庭成员照料者需要休息时，护理员上门代为照料（Health Canada, 2004）。居家服务有两个基本供给模式，即服务提供者模式和自我管理模式，魁北克、英属哥伦比亚、艾尔伯塔、安大略、马尼托巴、新布伦瑞克、纽芬兰等七省和西北地区都存在这两种模式（MacAdam, 2000）。服务提供者模式是最普遍的模式，是由居家服务机构安排服务计划和提供服务；在这种模式中，服务机构会安排护理员到客户家中为其提供所需服务；服务主要包括评估客户需要、批准并实施服务计划、支付服务费用、聘用和培训护理人员及绩效考核等；服务使用者无法自主选择服务人员、服务强度和服务类型等（MacAdam, 2000）。这种模式在服务配送方面可有如下变化：①公共服务提供者模式，即所有居家服务都由公共/政府机构提供，例如萨斯喀彻温省；②公共专业服务和私人居家支持模式，即公共机构提供专业服务，私人机构提供居家支持服务，例如艾尔伯塔省；③公共和私人混合模式，即个案管理由公共机构负责，服务由公共和私人机构提供，例如新斯科舍省；④合同模式，即包括个案管理在内的所有服务项目都由政府资助，由营利和非营利组织提供服务，例如安大略省（Dumont-Lemasson, Donovan & Wylie, 1999）。另外，许多省也存在自我管理模式；服务使用者在这一模式中起到主导和核心作用，自主决定所需服务；政府直接将现金或服务券发放给符合资格的申请人，由他们自行购买所需服务；客户及其家庭成员负责安排所需服务的所有细节，包括服务人员、服务质量、服务类型和强度等（Spalding, Watkins & Williams, 2006）。但该模式的主要服务对象为残疾成年人，而非老年人。目前虽没有具体数字统计该模式的成本支出和使用情况，但估计全加拿大约有8134名客户参与这一模式（Health Canada, 1999b）。

（3）服务使用

加拿大居家服务最主要的四类目标人群是：①刚出院、需短期重度照料的人；②提供服务可延缓或免除其入住机构的人；③防止因社交能力或身体机能退化而入住机构的人；④避免入住医院而需要服务的人（Sorochan, 1997）。各省、地区都订立了自己的居家服务申请者资格标准，因此可能资格相似的人群在某省获得了服务，但在别省却没有。一般而言，申请人必须满足下列要求：①是本省、地区的居民，并住满规定期限（英属哥伦比亚省为12个月，其他省、地区均为3个月）；②持有医疗保险卡；③经个案管理者评估后确有服务需求；④现有收入和财产、家庭成员和朋友均不能满足其服务需求；⑤居家环境符合安全标准，并达到服务配送要求；⑥递交申请人或其代理人同意书（Health Canada, 1999b; Romanow, 2002）。所有省、地区的居家服务体系都采用了单一进入模式，即通过服务评估筛选申请人资格，并决定客户所需服务。共有三类进入模式：①转介和管理，但不跟踪服务；②转介、管理和跟踪服务，并随时再评估客户服务需求；③转介、管理和个案管理，包括服务供给情况（Health Canada, 1999b）。此外，各省、地区的客户通过单一进入模式可获得的服务也有所不同，有的省、地区会提供所需全部服务，有的则根据申请人的病情缓急程度、经济能力、财政拨款资金额和其他标准等提供有限服务（Romanow, 2002）。各省、地区对客户的服务收费标准也不相同。所有省、地区提供的专业服务都是免费的。居家支持服务在魁北克、英属哥伦比亚、艾尔伯塔、安大略、马尼托巴、新布伦瑞克、纽芬兰等七省是在评估客户经济支付能力基础上，向客户收取一定比例的服务费用（Shapiro, 2002）。而未收取费用的省、地区经常将居家支持服务的目标群体限定在低收入人群或没有其他服务可选的人群（MacAdam, 2000）。大多数省、地区用各种方法来限定服务额度、设立客户支付的服务费用的最高限额，有的规定了各类服务最大小时数，有的规定了各类服务人均服务成本，还有的规定了不同设施内单位时间的人均服务成本；如果客户的实际需求超过了限定额度，那么客户需支付超出部分的全额服务费用（Health Canada，1999b）。这些不同的收费标准严重影响了客户个人在是否使用或如何使用居家服务等方面的决定，可能会阻碍客户选择最能满足自己需求的服务，从而导致其自身的经济支付能力而非实际需求成为客户申请服务的决定因素（Shapiro，2002）。

（4）面临困境

居家照料已经成为加拿大医疗服务系统不可或缺的组成部分，因为它已经能够应对急性照料服务部门取消病床、增加流动诊所和日间手术以及长期照料服务部门病床轮候时间过长、资源有限等挑战（Canadian Home Care Association，2001；Hollander & Chappell，2002；Matteo & Matteo，2001）。但是，居家照料由于缺乏相应的国家立法导致了其仅成为地方政府的职责，由地方政府全权负责筹资、管理以及服务供给，这样的地方分权制度导致了加拿大各省、地区的居家服务在融资规模、发展阶段和管理等方面存在巨大的差异。加拿大各省、地区的居家服务融资规模不均衡，至少有下列四个因素导致这类居家服务经费的省际差异：首先，各省、地区的整体医疗卫生服务经费规模不同直接导致居家照料等各种医疗服务的资金分配金额不同；其次，各省、地区对居家照料涵盖的各类服务的资源配置重点也不一样；再次，各省、地区的人口年龄和性别构成也不同，目标群体对居家服务的需求也不同；最后，各省、地区的医疗服务系统的发展水平不同（Coyte，2000）。尽管加拿大各省、地区都建立了居家照料体系，但是在很多区域仍处于初级发展阶段，甚至连最早建立居家照料服务体系的马尼托巴省（20世纪70年代）也是在20世纪90年代初才向所有年龄的人群提供居家照料服务的（Sharkey，Larsen & Mildon，2003）。各省、地区的医疗服务管理方式也存在差异，除了安大略省以外，其他省、地区都将管理权分散到辖区内的各个区域，并在区域内建立了专门管理居家照料等医疗服务的行政机构。这些区域性医疗服务行政机构负责本地医疗服务的融资、成本核算、工作考核和推广，包括疾病预防、基础护理、急性护理和长期照料等；安大略省则建立了全省统一的医疗服务管理机构——医疗和长期照料部，以负责全省医疗服务的行政工作（Sharkey，Larsen & Mildon，2003）。

2.1.3 英国居家服务经验

英国并未建立专门的居家服务体系，而是由中央政府卫生部和区域性卫生部门通过国民医疗保健制度[1]在全国范围内提供居家医疗服务，地方政府在其管辖范围内提供居家社会服务（HMSO，1990；Age Concern，2006d）。

（1）政府职责

英国未建立专门的居家服务体系，但中央和地方政府都提供不同类型的居家服务。中央政府通过财政拨款资助整个国民医疗保健系统，在全国范围内提供居家医疗服务等专业医疗服务，并制定国民医疗服务发展方向和政策架构；区域性卫生部门负责制定本区域医疗服务发展战略，监督其实际工作，并确保区域利益和需求纳入全国医疗服务发展战略的考虑范畴（HMSO，1990）。地方政府在其管辖范围内通过个人社会服务项目提供居家社会服务等社会服务，以满足老年人、未成年人、精神病人和残疾人等弱势群体的服务需求（HMSO，1970）。具体而言，地方政府主要负责以下工作：①制定社区照料服务计划；②评估有服务需要的目标人群；③向独立服务机构[2]购买服务或与之订立合同，以确保使用者获得最符合成本效益的服务并满足其服务需求；④资助、规范和监督服务供给情况；⑤设置服务投诉机制并监督其实际工作情况（Age Concern，2006d）。

（2）服务供给

英国国民医疗保健制度为居住在家或机构中目标人群提供的专业医疗服务主要有：①与地方政府联合评估客户的医疗服务需求和个案管理；②初级医疗照料服务；③与医生和护士联合评估；④社区医疗服务；⑤专科医师支持服务；⑥临终关怀；⑦医院间专科医师支援服务（Age Concern，2006e）。

---

〔1〕 英国国民医疗保健制度（National Health Service-NHS）是具有社会福利性质的国家医疗卫生制度。它包括两个层次的医疗体系：第一层是以社区为主的基础医疗卫生服务（Community-based Primary Health Care），通常是由家庭医师（General Practitioner-GP）和护士提供社区医疗保健；第二层是 NHS 的医院专家服务（Hospital-based Specialist Services），由各科的专科医师负责并接手由 GP 所转介的病人或处理一些重大意外事故及急诊。

〔2〕 独立服务机构（Independent Providers）是指与地方政府、NHS 基金、战略性医疗机构（Strategic Health Authorities-SHA）和基础医疗基金（Primary Care Trusts-PCT）等订立合同、提供或协助提供服务的私人机构或志愿者组织。其相关内容，可参考 Department of Health.（2008）. *Local Involvement Networks：Briefing for Independent Providers*，London：Department of Health.

地方政府社会服务部门为目标人群提供下列居家社会服务：①评估服务资格和服务需求；②个人护理；③家务协助；④暂歇照料；⑤日间照料；⑥直接拨款；⑦洗熨服务；⑧送餐服务（Age Concern，2006b）。《1990 年国民医疗保健服务及社区照料法》根据"购买者—供给者"（the purchaser - provider split）和"照料的混合经济"（a mixed economy of care）两种变量来划分医疗服务和社会服务的供给情况；按照"购买者—提供者"分类方法，卫生部门和地方政府主要负责了解目标群体的服务需求，制定服务购买计划，并向服务机构购买服务；在国民医疗保健制度和地方政府支持下建立的服务市场中，公共部门与独立服务机构相互竞争、相互合作（HMSO，1990）。英格兰老人居家服务调查结果显示，由独立服务机构提供的服务小时数占总小时数的比重从 1992 年的 2%增加到 2005 年的 73%以上（Commission for Social Care Inspection，2006）；2007 年 3 月末，已注册的居家服务机构达 4735 家，其中82%属于独立服务机构（Commission for Social Care Inspection，2008）。Age Concern（2006e）认为，如果 85%左右的服务都来自独立服务机构，那么就可以维持居家服务的混合经济态势，即提供服务的公共部门和私人部门在服务市场中共存。地方政府可以自行订立其管辖范围内的各类服务价格，并自主选择服务机构及订立的合同类型。Matosevic 等（2001）发现，大多数地方政府与服务机构订立的居家服务合同都规定了服务在限定时间内的费用支出。Laing 和 Buisson（1999）还发现，地方政府与营利机构订立的服务合同多数会规定服务费用；而与非营利机构订立合同大多是一揽子合同，例如不论完成情况都按照预定服务小时数或客户数支付费用等。

（3）服务使用

英国中央政府通过税收和国民保健制度直接拨款给居家医疗服务，国民医疗保健服务无需评估目标人群的财产收入状况，服务使用者在服务点获得服务不用支付任何费用（HMSO，1990）。地方政府社会服务部门提供的个人社会服务中，60%左右来自中央政府财政拨款、30%左右来自地方政府税收拨款。地方政府社会服务部门在评估目标人群的财产收入基础上，按照使用者的经济支付能力收取部分或全部的服务费用（Age Concern，2006a），即便使用者本身是社会福利救济人群（Age Concern，2006c）。中央政府对地方政府的财政拨款是以地方政府来年预算为基础，拨款规模取决于地方政府是否在规定期限内达到预期目标。2001—2002 年度英格兰地区的居家服务资金达 42 亿英镑，其中国民医疗保健基金占 17 亿（40.5%），地方财政占 21 亿（49.9%），使用者付费占 4 亿（9.5%）（Laing & Buisson，2002）。而对于居家社会服务收费标准，英国还没有统一的标准，地方政府收费模式主要有四类：①浮动收费制，领取收入补助[1]和基于收入的求职津贴[2]人群除外；②基于服务水平的收费制，与服务使用者财产收入无关；③基于财产收入的收费制，与服务水平无关；④基于财产收入和服务水平的收费制（Audit Commission，2000）。而苏格兰地区为老人提供的居家社会服务是免费的（Bell & Bowes，2006）。这表明英国各地的居家社会服务收费标准有很大差异。正如 2003 年英国卫生部颁布的《居家服务和其他非院舍型社会服务的公平收费政策：地方政府社会服务工作指南》（Fairer Charging Policies for Home Care and Other Non-residential Social Services：Guidance for Councils with Social Services Responsibilities）也证实了这一差异性（Department of Health，2003a）。但《公平收费指南实施情况研究》（Research into the Implementation of Fairer Charging Guidance）表明，尽管中央政府呼吁地方政府公平征收社会服务费用，各地的收费标准仍存在较大差异，其主要原因是各地制定了不同的收费政策（Age Concern，2004），而大多数地方政府的收费标准主要取决于是否设定每周服务费最高额度、每小时服务收费标准和客户独立生活能力大小等因素（Age Concern，2006f）。

（4）面临困境

在英国，尽管居家服务日益成为支持人们独立生活的、不可或缺的部分，但居家服务使用者并不满意目前的服务配送方式、不稳定的服务质量和服务队伍，这些也难以满足他们对居家服务的需求。2002—2003 年，英国卫生部调查了英格兰地区 65 岁及以上居家社会服务使用者使用情况，当问到"总体而言，您对所获得的服务满意吗？"，57% 被访问者认为"非常满意"或"很满意"（Department of Health，2003b）。其后，个人社会服务研究所（the

---

　　[1]　收入补助（Income Support）是英国政府提供给无收入和低收入者的一项社会福利。收入补助提供给申请人基本生活所需的津贴。申请者包括自己照料孩子的人，生活不能自理者的照顾者，因健康原因（包括压力）而无法工作的人（需要提供医生证明）。社会保障和就业辅导中心负责收入补助的申请工作。
　　[2]　基于收入的求职津贴（Income-based Jobseeker's Allowance-JSA）是英国政府提供给有能力工作且正在积极寻找全职工作的失业者的一项社会福利。具体的资格标准是申请人已年满 18 岁且有能力工作，但没有工作并正在积极寻找全职工作或目前的工作没有工资。某些兼职者也可申请求职者津贴（依工作时数而定）。

Personal Social Services Research Unit-PSSRU）也对英格兰 34 个地区的 2 万名居家社会服务使用者进行了深度调查，这些被访者对服务满意程度和服务质量的评价都低于卫生部调查结果，这表明老年使用者或对所获服务心存感激，或个人还有所保留、不愿主动说出不满（Netten et al., 2004）。居家照料使用者不太赞同现有服务供给方式，大多数使用者都不满意"15 分钟服务模式"〔1〕，他们认为该模式既不安全也有损自己的尊严，许多地方政府采用的、以任务为主的方法难以掌握他们的实际服务需求，并易忽视其当时是否真的需要某些特定服务（Commission for Social Care Inspection, 2006）。根据医疗委员会（Health Commission）发布的《老年幸福生活：回顾老年人国民医疗保健服务》（Living well in Later Life: A Review of Progress against the National Service Framework for Older People）研究报告，公众对老年居家照料服务的批评多于赞扬，认为居家照料服务过于注重文档工作、服务人员不足、懈怠病人和忽视客户敏感问题等，在服务类型、时间、资格、持续性、信息和服务可得性等方面仍有较大改善空间（Commission for Social Care Inspection, 2006；Healthcare Commission, 2006）。在居家服务的质量方面，英国政府于 2004 年 4 月引入《居家服务全国最低标准》（the National Minimum Standards for Domiciliary Care）〔2〕时，全国仅有 66% 达标，2006—2007 年增加到 78%；其中，达到完善医疗健康指标的服务比例同期增加到 83%，达到隐私尊严标准的服务占 83%，达到生活质量标准的服务占 91%（Snell, 2007）。虽然整个英格兰地区有 16.3 万名居家护理人员（相当于该地区整个酒店业雇员总数），但由于聘用门槛较高、工资待遇较低，因此护理人员流动性较大，招聘、培训和提高难，较难满足服务工作的新要求，也导致服务质量难以长期保持在较高水平上（Commission for Social Care Inspection, 2006）。

---

〔1〕 "15 分钟服务模式"（the '15 minute slot' model of service）是指社会服务人员必须严格按照服务要求，在 15 分钟内为孱弱老人等使用者提供所需居家服务，例如穿衣和洗澡等。

〔2〕《居家服务全国最低标准》（the National Minimum Standards for Domiciliary Care）是英国政府 2002 年颁布的、规范居家社会服务机构的条例。该标准的详细内容，可参考 Department of Health, 2002a, *Domiciliary Care National Minimum Standards Regulations*, London：Department of Health.

2.2 部分发达国家居家服务比较

澳大利亚、加拿大和英国的居家服务有着类似之处：首先，三国都建立了与居家服务相关的法律法规以确保服务的顺利开展。澳大利亚的《1985 年居家和社区照料服务法》（the Home and Community Care Act 1985）、《居家服务综合评估的全国框架及其资源工具》（National Framework for Comprehensive Assessment in the HACC Program and Resources Kit）、《澳大利亚居家服务及养老服务：为老指南》（The HACC Program and Aged Services in Australia：A Guide for Older People）以及《居家服务手册》（The HACC Manual）等文件从法律层面上构建了澳大利亚的居家服务体系。在加拿大，虽然居家服务等延伸性医疗服务（extended health care services）不属于《加拿大医疗卫生法》（the Canada Health Act-CHA）所规定的"医疗必要"的医院服务（"medically necessary" hospital services）、"医疗需要"的医师服务（"medically required" physician services）和医院牙科手术服务（surgical-dental services in hospitals）等医疗保险项目，也不适用其规定的公共管理、全面性、普遍性、可得性和可携带五个基本原则，但其附加条款中的"加拿大医疗和社会转移支付"（the Canada Health and Social Transfer-CHST）使得联邦政府能资助这些延伸性医疗服务。虽然目前仅有英属哥伦比亚、艾尔伯塔、萨斯喀彻温、安大略、新布伦瑞克、新斯科舍等六省制定了与居家服务相关的法律，缺乏统一的国家性立法导致了加拿大居家照料体系在各省、地区间存在巨大差距，但的确在一定程度、一定地域范围内仍为居家人群提供服务，使居家照料已经成为加拿大医疗服务系统不可或缺的重要组成部分。英国的国民医疗保健制度在全国范围内提供包括居家医疗服务在内的专业医疗服务，而《1948 年国民救助法》（National Assistance Act 1948）、《1970 年地方政府社会服务法》（The Local Authority Social Services Act 1970）和《1990 年国民医疗保健服务及社区照料法》（National Health Service and Community Care Act 1990）等规定地方政府为其辖区内的有需要的人群提供居家社会服务等个人社会服务项目。

其次，政府在居家服务项目中都承担了重要的作用。从政府级别层面而言，不论是澳大利亚、加拿大的联邦政府，还是英国的中央政府，都主要负责居家服务的总体工作；地方政府则负责安排服务的具体细节，如筛选合格的服务提供者、向服务使用者提供服务等。从居家服务资金来源而言，各级政府均投入了一定比例的经费，如澳大利亚联邦政府及州、地区政府为这一服务了提供了 60% 以上资金，英国的居家医疗服务资金全部来自中央政府拨款、居家社会服务资金的 60% 左右来自中央政府财政拨款和 30% 左右来自地方政府税收拨款，加拿大联邦政府通过"加拿大医疗和社会转移支付"和省、地区政府的财政拨款等渠道为居家照料融资。

最后，各国的居家服务内容也大致相同，大都包括了支持有需要的人群能够在社区中独立生活的相关服务。这些居家服务主要分为医疗服务和照料服务两大类：医疗服务包括评估医疗需求和个案管理、专科医师支持服务和社区医疗服务等；照料服务包括日常生活照料、家务帮助、个人护理、社交支持、暂歇服务和为服务使用者及其照顾者提供咨询和支持等。

然而，三国在居家服务方面有其自己的特点，最显著的差异是统筹的程度，即是否在国家层面上建立统一的居家服务制度。澳大利亚在全国范围内建立了统一的居家服务体系，而加英两国仅在地方或省、地区的层面上开展自己辖区内的居家服务项目。不同集权程度的居家服务制度设计使得澳大利亚的居家服务包括了国家层面上的计划和管理工作，加拿大则仅涉及地方政府，提供居家医疗服务的英国国民医疗保健服务虽涉及了全国范围，但提供居家社会服务的英国地方政府却只负责本地区的个人社会服务。这种统筹的差异性，正如英加两国体现的一样，会导致同一国家内部的不同地区间居家服务发展极不均衡，主要体现在居家服务的融资规模、管理模式、服务配送机制、服务质量评估标准、服务收费标准和相关数据收集等方面，从而使得因缺乏全国统一的居家照料服务参考标准而难以进行地区间比较。

另外，三国对居家服务重要性的认识程度也有差异。虽然居家服务是在机构养老投入相对增长而居家服务投入相对弱小、发展不充分的情况下发展起来的（Keleher，2003），并逐渐成为支持孱弱老人和残疾者能居住在社区里的主要服务之一（Palmer & Short，2000）；虽然它符合经济原则，因为相对便宜的社区照顾会减少不必要的机构照料并有助于增强老年人的独立生活能力（Kendig & Duckett，2001）；但是，政府对其重要性认识程度的差异导致这些国际间居家服务发展的差异，从而导致政府在同样应对人口老龄化挑战时是"得心应手"还是"力不从心"，这在加拿大和澳大利亚两国间体现得尤为显著。加拿大的居家服务未能纳入《加拿大医疗卫生法》规定的"医疗必须"

项目，不是医疗保险的服务类型，也不适用公共管理、全面性、普遍性、可得性和可携带等五个基本原则，不利于整个医疗服务系统的可持续性和有效性。因此，加拿大居家照料协会（The Canadian Home Care Association）（2001）建议，"医疗必须"的定义不能局限于医院服务，它应该以需求为准则，而不仅仅是依据服务的地点或提供者；居家照料中的精神健康（mental health）、急性期后护理（post-acute care）和临终关怀（palliative care）这三项服务应当首先纳入修改后的《加拿大医疗卫生法》范畴。而居家服务已经成为澳大利亚政府应对人口老龄化挑战的主要措施之一（Woodward，2004），并在很大程度上支持了老年人在自己熟悉的环境中生活（Kendig & Duckett，2001）。

2.3 发达国家居家服务经验启示

随着我国人口老龄化进程加快，家庭养老功能日益弱化，老年人的居家养老已经成为重大的社会问题。我国居家养老服务"从无到有，从点到面，取得了较好进展，一个以保障高龄、独居、空巢、失能和低收入老人为重点，借助专业化养老服务组织，提供生活照料、家政服务、康复护理、医疗保健等服务的居家养老服务网络初步形成"，"养老服务的运作模式、服务内容、操作规范等也不断探索创新，积累了有益的经验"（民政部，2011）。但目前我国居家养老服务存在供给不足、比重偏低、质量不高等问题（全国老龄工作委员会办公室等，2008），尚未满足老年人日益增长的服务需求。澳大利亚、加拿大和英国的居家服务发展状况可对我国居家养老服务有如下启示：

第一，思想上要高度重视居家养老服务，要集思广益、充分发挥"众人拾柴火焰高"的效力。澳大利亚、加拿大和英国的社会各方面都十分重视居家服务问题，政府、服务提供者和使用者等利益攸关者都为居家服务提供咨询意见，使得居家服务事业呈现良好的发展势头。因此，学术界和国家及地方实践部门都应开展广泛深入的调查研究，进一步促进全社会的高度重视，让尽可能多的国民参与到居家养老服务中来。

第二，实践上要建立正式的、全国性的居家服务体系。虽然我国中央和地方政府都积极参与居家养老服务的发展，但目前仍处于地方"各自为政"、发展"参差不齐"的混乱状态。而建立正式的居家照料服务体系是绝大多数发达国家的职责之一（Weiner，2000），并且民意调查显示超过84%的加拿大人认为需要建立一个全国性居家照料服务体系（Commission on the Future of Health Care in Canada，2002）。而澳大利亚的居家服务实践也证明了全国性服务体系不仅可以解决权力地区化、分散化问题（Coyte，2000；Motiwala et al.，2005；Woodward，2004），保证服务的可得性和可比性，而且也可以消除沉冗繁琐的行政机构，相对地减少运行成本，控制成本，提高效率（Health Services Utilization and Research Commission，1998；Hollander et al.，2000；Weissert et al.，1997）。

第三，法律上要加强居家服务的立法。我国目前颁布了《国务院关于加快发展养老服务业的若干意见》和《关于全面推进居家养老服务工作的意见》等条例，上海、深圳、宁波和杭州等也颁发了促进本地居家养老服务发展的具体措施，但中国的法律法规在居家服务问题上尚无明确规定，亟待加强。只有从法律上确立了居家养老服务的不可动摇的地位，才能保障居家养老服务机制在实践中的执行力度，从而促进其在计划、组织、指挥、协调和控制等管理方面的协调发展。

第四，管理上要理清政府职责，建立专门的居家养老服务管理机构。我国中央和地方政府都积极参与居家养老服务发展的政策制定、融资和行政管理等方面。中央颁布了有关居家养老重要意义、目标、任务和实施措施等全国性政策，北京、上海、深圳、宁波和杭州等一些城市也颁发了促进本地居家养老服务发展的具体措施。中央和省、市、县三级政府的部门还共同管理居家养老服务。但我国各级政府对于自己在居家养老服务中的职责尚处于认识模糊阶段，导致"大家都管又都不管"的局面。因此，我国中央及其地方政府部门应及早明确在居家养老服务方面的职能，为构建符合中国国情的居家服务体系提供管理组织保障。另一方面，要建立专门的居家养老服务管理机构，明确规定中央政府中的主管单位以及省、市、县级政府等基层管理机构各自的职能，从管理机构上保障居家养老服务的顺利开展。

第五，资金上要建立居家养老专项资金，确保专款专用。当前仅有北京、上海、深圳、宁波和杭州等一些经济条件较好的极少数城市将居家养老服务纳入当地财政预算常规项目，大部分地区的居家养老服务资金来源较不确定和不稳定，这极大地阻碍了我国积极应对人口老龄化的挑战。我们可尝试着学习加拿大联邦政府在《加拿大医疗卫生法》附加条款中的"加拿大医疗和社会转移支付"类似方法通过中央财政转移支付以及省、地区政府的财政拨款来融资，将居家养老服务纳入地方的年度财政预算常规项目，通过中央及地方各级政府的共同筹资，确保居家养老经费专款专用。

第六，机构层面要大力发展居家服务机构，培育服务人员队伍，为构建符合中国国情的居家服务体系提供供给保障。目前，我国提供居家服务的机构主要有社会福利机构、医疗机构和社区卫生服务中心、在民政部门登记的街道/社区民办非企业机构以及居家服务公司，其中以仍带有"官办"色彩的、在基层政府鼓励下成立的街道/社区民办非企业机构为主体。随着社会主义市场经济的进一步发展，居家服务市场的开放是必须的，因此类似英国私人机构和志愿者组织等独立服务部门会逐渐进入这一市场、甚至成为其主要服务供给方，从而确保了该类市场的良性混合经济态势，促进了公共部门和独立服务部门相互竞争、相互合作。

第七，从服务使用角度要探索多种收费模式。当前，我国有居家服务需求的老人可到当地民政部门、街道居委会、社区服务中心/站等填写并递交申请表，待相关部门评估审核合格后可获得居家养老服务。北京、宁波、杭州、大连、苏州、青岛、上海、天津等地根据本地特点，制定了不同的居家养老目标群体的收费标准。此外，"三农"、纯老人家庭、残疾老人、经济困难老人等特殊群体也可获得不同额度的政府服务补贴。然而，各地因为经济条件不同对居家养老服务的收费差异较大，也没有明确的、统一的收费标准，亟需探索多种收费模式。居家养老服务收费标准可借鉴英国居家社会服务的收费模式，如浮动收费制、基于服务水平的收费制、基于财产收入的收费制和基于财产收入和服务水平的收费制等，在一定程度上规范居家服务的收费标准，从而保障服务使用者在其支付能力承受范围内获得所需服务。

此外，还需要构建居家服务体系的评估制度及其配套制度，如居家服务质量标准工具、服务投诉政策、适用于全国范围内的数据信息系统，从而全面掌握居家养老服务的服务人群、服务内容、服务机构、使用者付费标准等基本情况，为进一步提高居家养老服务质量提供坚实的数字基础。

2.4 本章小结

通过比较澳大利亚、加拿大和英国的居家服务，我们发现这三个国家在开展居家养老服务方面均积累了丰富经验，也建立了较为完备的服务体系。澳大利亚建立了全国统一的居家服务体系，为孱弱老人、残疾人等提供基础性支持服务，以增强他们的独立生活能力并避免或推迟入住长期照料机构。加拿大虽然没有开展全国统一的居家服务，但所有省、地区都建立了自己的居家服务体系，帮助部分或完全丧失居家生活能力的人群，为其提供预防、延缓或替代所需长期照料或重度照料的一系列服务，以满足他们的生理、心理、社交、精神和情绪等多种需要，使他们能够留在家中独立生活并尽可能多地与亲友接触。英国并未建立专门的居家服务体系，而是由中央政府卫生部和区域性卫生部门通过国民医疗保健制度在全国范围内提供居家医疗服务，地方政府在其管辖范围内提供居家社会服务。然而，上述三个国家的居家养老服务也并非尽善尽美，都或多或少地存在着这样或那样的问题。澳大利亚联邦政府和州、地区政府提供的居家服务经费增长速度低于客户自付部分增长速度；加拿大的居家照料缺乏相应的国家立法，经由地方政府全权负责筹资、管理以及服务供给，导致了各省、地区的居家服务在融资规模、发展阶段和管理等方面存在巨大差异；英国的居家服务使用者不满意目前的服务配送方式、不稳定的服务质量和服务队伍等。但澳大利亚、加拿大和英国的居家服务有着类似之处：首先，都建立了与居家服务相关的法律法规以确保服务的顺利开展。其次，政府在居家服务项目中都承担了重要的作用。最后，各国的居家服务内容也大致相同，大都包括了支持有需要的人群能够在社区中独立生活的相关服务。然而，他们在居家服务方面有其自己的特点，最显著的差异是统筹的程度，即是否在国家层面上建立统一的居家服务制度。其次是对居家服务重要性的认识程度也有差异。

对照澳大利亚、加拿大和英国的居家服务发展状况，我们发现居家养老服务与多种因素息息相关。思想上的高度重视，能够集思广益；建立正式的、全国性的居家服务体系，可以打破发展不平衡状态；加强居家服务的立法，能够保障居家养老服务机制在实践中的执行力度；建立专门的居家养老服务管理机构，能够从管理层面上保障居家养老服务的顺利开展；建立居家养老专项资金，可以保证稳定的居家养老服务资金来源，确保专款专用；大力发展居家服务机构，能够为逐步开放的居家服务市场提供供给保障；探索多种收费模式，制定不同的收费标准，能够保障服务使用者在其支付能力承受范围内获得所需服务；构建居家服务体系的评估制度及其配套制度，能够为进一步提高居家养老服务质量提供坚实的数字基础。我们学习澳大利亚、加拿大和英国的居家服务经验，有助于为我国居家养老服务的发展提供有益借鉴，从而更好地促进我国居家养老服务体系的可持续发展。

上海居家养老机构发展路径研究

上海是中国大陆地区最早进入老龄化的城市（1979 年），也是人口老龄化程度最高的城市（全国老龄工作委员会，2008）。2017 年末，上海市 60 岁及以上户籍老年人口为 483.60 万人，占户籍总人口的 33.2%；65 岁及以上户籍老年人口为 317.67 万人，占户籍总人口的 21.8%；其中，80 岁及以上户籍高龄老年人口为 80.58 万人，占 60 岁及以上户籍老年人口的 16.7%，占户籍总人口的 5.5%（上海市民政局等，2018a）。为了积极应对人口老龄化，上海率先在中国大陆地区开展了社区居家养老服务（上海市民政局，2004）。随着经济社会的进一步发展和人口老龄化的加剧，有着十多年历史的上海居家养老服务体系初步成型并趋于成熟，并成为上海 "9073" 养老格局[1]的重要组成部分。我们首先在简要回顾上海居家养老机构发展历史基础上，以社区助老服务社为例，总结社区助老服务社发展路径及其主要特征为：在建立初期，政府培育市场、机构快速成长；在发展稳定期，政府监管市场、机构稳定发展；在发展转型期，机构转型并纳入长期护理保险体系以寻求新发展。其后，我们试图讨论政府与服务机构之间的关系，以促进其可持续发展。

3.1 上海居家养老机构发展历史

上海居家养老服务是在政府主导下逐步建立起来的。追溯至 2000 年，上海市民政局在黄浦、静安和嘉定等 6 区 12 个街道开展了居家养老服务试点工

---

〔1〕 "9073" 养老格局是上海为应对老龄化挑战于 2006 年提出的养老格局发展目标，即在全市户籍老年人中，90%由家庭自我照顾，7%由社区（社会）提供居家养老及日托服务，3%由具备护理功能的专门设施提供全托的护理服务（陈里予，2007）。

作，并在 2001 年建立了居家养老社区服务体系（马伊里，2008）。同年，上海所有区（县）内成立了居家养老服务体系、居家养老指导队和居家养老（指导）中心（上海市民政局，2001）。2003 年 4 月，上海进一步规范了居家养老服务的管理和政府补贴（上海市民政局，2003）。同年 11 月，杨浦区和浦东新区所属的 28 个街道（镇）开展了居家养老新模式试点，采用了服务券方式购买服务，并构建了"政府主导、中介组织、实体服务"的运作机制（上海市民政局，2004）。从 2004 年开始，该模式在全市范围内推广（上海市民政局，2004）。目前，上海居家养老机构主要包括社区助老服务社、社区老年人日间服务中心和社区老年人助餐服务点等（上海市民政局，2010）。这些居家养老机构在近十几年间迅速发展（见图 3-1），其中社区老年人日间服务中心从 2006 年的 108 家增加到 2017 年的 560 家，社区老年人助餐服务点从 2008 年 216 家增加到 2017 年的 707 家，但社区助老服务社从 2006 年的 233 家减少到 2015 年的 202 家（上海市民政局等，2018）；社区老年人日间服务中心服务人数从 2009 年的 0.80 万人增加到 2017 年的 2.30 万人，社区老年人助餐点服务人数从 2008 年的 1.90 万人增加到 2017 年的 8.10 万人，社区助老服务社服务人数从 2006 年的 10.50 万人增加到 2015 年的 30.55 万人（上海市民政局等，2007；2008；2009；2010；2011；2012；2013；2014；2015；2016；2017；2018）。

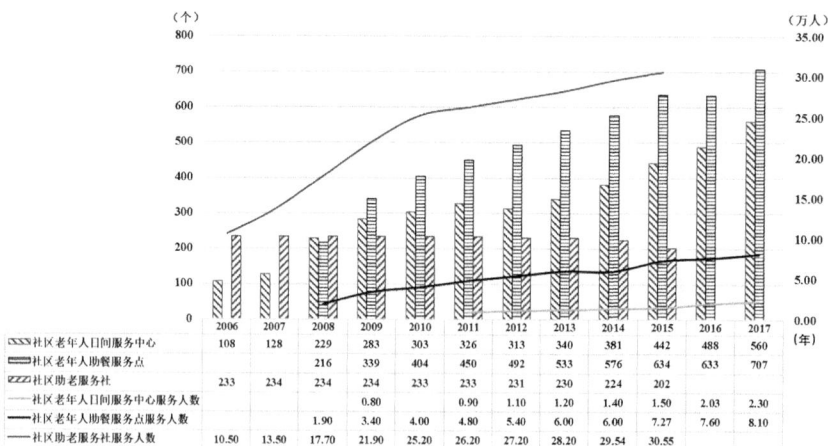

	2006	2007	2008	2009	2010	2011	2012	2013	2014	2015	2016	2017
社区老年人日间服务中心	108	128	229	283	303	326	313	340	381	442	488	560
社区老年人助餐服务点			216	339	404	450	492	533	576	634	633	707
社区助老服务社	233	234	234	234	233	233	231	230	224	202		
社区老年人日间服务中心服务人数				0.80		0.90	1.10	1.20	1.40	1.50	2.03	2.30
社区老年人助餐服务点服务人数			1.90	3.40	4.00	4.80	5.40	6.00	6.00	7.27	7.60	8.10
社区助老服务社服务人数	10.50	13.50	17.70	21.90	25.20	26.20	27.20	28.20	29.54	30.55		

图 3-1　2006～2017 年上海居家养老机构发展情况

注：缺少 2006—2007 年社区老年人助餐服务点数据、2016—2017 年社区助老服务社及其服务人数数据、2006—2008 年和 2010 年社区老年人日间服务中心服务人数以及 2006—

2007 年社区老年人助餐服务点服务人数。

数据来源：上海市民政局等，2007；2008；2009；2010；2011；2012；2013；2014；2015；2016；2017；2018。

3.2 上海社区助老服务社发展路径

目前，上海社区助老服务社已成为上海居家养老机构的主要组成部分，是重要的居家养老服务供给方，为有生活照料需求的居家老年人提供或协助提供生活护理、助餐、助浴、助洁、洗涤、助行、代办、康复辅助、相谈、助医等"十助"服务。上海社区助老服务社虽从 2006 年的 233 家减少到 2015 年的 202 家，但其服务的老年人口数从 2000 年的 0.03 万人增加到 2015 年的 30.55 万人，其中享受政府养老服务补贴的老年人口数从 2000 年的 0.03 万人增加到 2015 年的 13.18 万人（马伊里，2008；上海市民政局等，2007；2016）（见图 3-2）。为了深刻认识上海居家养老机构的发展情况，我们将以社区助老服务社为例，通过搜集和整理其相关文献，全面掌握其发展轨迹，并归纳总结社区助老服务社各发展阶段的主要特征。我们将上海社区助老服务社的发展路径分为以下三个主要发展阶段：

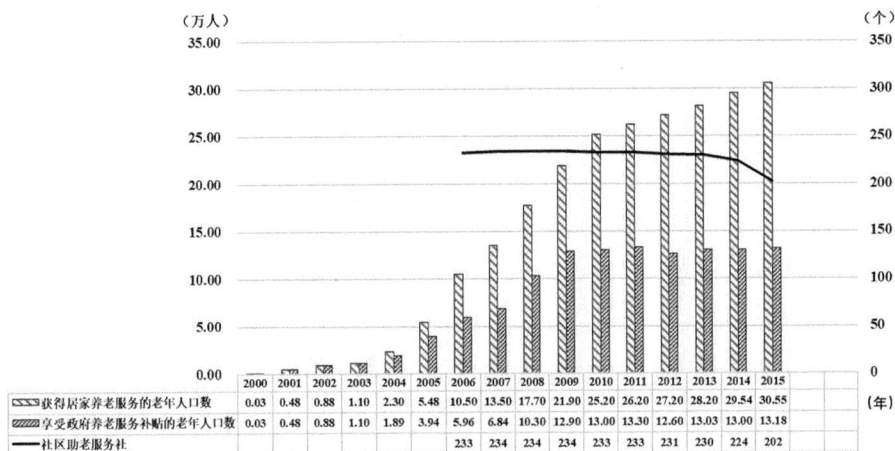

（万人）	2000	2001	2002	2003	2004	2005	2006	2007	2008	2009	2010	2011	2012	2013	2014	2015
获得居家养老服务的老年人口数	0.03	0.48	0.88	1.10	2.30	5.48	10.50	13.50	17.70	21.90	25.20	26.20	27.20	28.20	29.54	30.55
享受政府养老服务补贴的老年人口数	0.03	0.48	0.88	1.10	1.89	3.94	5.96	6.84	10.30	12.90	13.00	13.30	12.60	13.03	13.00	13.18
社区助老服务社							233	234	234	234	233	233	231	230	224	202

图 3-2　2000—2015 年上海社区助老服务社及其服务的老年人口数、享受政府养老服务补贴的老年人口数

注：缺少 2000—2005 年社区助老服务社数据。

数据来源：马伊里，2008；上海市民政局等，2007；2008；2009；2010；2011；2012；2013；2014；2015；2016。

3.2.1 建立初期：政府培育市场、机构快速成长

上海社区助老服务社建立初期是从 2001 年到 2010 年左右。在这一发展阶段，上海社区助老服务社主要发展特征可归纳为"政府培育市场、机构快速成长"，即政府通过财政强力补贴服务供给方（以下简称"补供方"）和补贴服务需求方（以下简称"补需方"）以培育服务市场供需双方，从而建设和监管居家养老服务市场，正如《关于进一步促进上海市养老服务事业发展的意见》规定"政府主导，社会参与。以政府公共财政投入为支撑，以政策扶持为导向……建管并举，规范推进"（上海市民政局等，2006）。一方面，为了培育居家养老服务供给方，政府在资金、人力资源、优惠政策等方面积极鼓励和推进社区助老服务社等居家养老机构的建立，从而使得社区助老服务社从无到有建立起来并快速成长。另一方面，为了满足居家养老服务需求方即居家老人的养老需求，政府建立了养老服务需求评估体系，并资助部分居家养老的老年人口。总的来说，在这一发展阶段，政府建管并举培育居家养老服务市场，强力扶持服务机构以逐步满足居家老人的服务需求，从而使得社区助老服务社快速建立并迅速成长[1]。

（1）机构定位

2001 年，上海市全面开展居家养老服务，规定各街道（镇）居家养老（指导）中心需在其辖区内建立居家服务养老机构，并提出"街道（镇）居家养老服务机构是社区居家养老服务的具体实施载体，通过招标形式，经民政部门许可后，进行法人登记。主要开展面向社区老人的上门护理照料和日间护理照顾服务"（上海市民政局，2001）；并规定"到 2005 年，每个街道设有一个以上为居家老人提供日托和上门护理服务的机构"（上海市民政局等，2001）；同时，提出居家养老服务机构建立方式可"依托社区养老机构"也可"利用街道（镇）社区服务中心原有的各种为老服务设施和人员进行资源整合

---

[1] 本节内容是课题组已发表的项目阶段性成果《上海居家养老服务的供给、购买与决策：以"福利轮"为分析视角》的部分内容。

和人员整顿"（上海市民政局，2001）。2004 年，上海市进一步推进深化居家养老服务，"积极组建社区助老服务机构"，提出主要任务包括"组建非正规就业劳动组织[1]形式的街道（镇）社区助老服务机构"等（上海市民政局，2004）；这是第一次在政府文件中明确提出"社区助老服务机构"一词。其后，要求"在每个街道（乡镇）组建非正规就业劳动组织形式的社区助老服务社"（上海市民政局等，2004）；这是第一次在政府文件中明确提出"社区助老服务社"一词。根据《上海市人民政府办公厅关于本市组织实施万人就业项目的试行意见》，在万人就业项目[2]组织实施过程中，可以申请开办非正规劳动组织，也可以开办民办非企业；经认定的非正规劳动组织，可以享受非正规劳动组织优惠政策（上海市人民政府办公厅，2003）。简而言之，这些社区助老服务社属于非正规就业劳动组织或是在当地民政部门登记的民办非企业单位性质的社会组织，是为所在街道（镇）的老人提供居家养老服务（上海市民政局等，2006）。到 2006 年末，上海市共有社区助老服务社 233 家，为 10.50 万居家老人提供了服务（上海市民政局等，2007）。

（2）财政强力扶持

在资金方面，政府以公共财政投入为支撑强力扶持社区助老服务社建设，在社区助老服务社的开办、运营、培训和员工补贴等多方面给予资助。以社区助老服务社开办费为例，2003 年政府规定街道（乡镇）必须落实不少于市、区（县）两级补贴资金总数 50% 的经费，用于补贴街道（乡镇）居家养老服务机构的一次性资助等（上海市民政局，2003）；其后规定社区助老服务社可获得一次性开办费 6 万元，并由市促进就业专项资金承担（上海市民政局，2004）。以社区助老服务社招聘的社区助老服务员（居家养老服务员）为例，要求"居家养老服务人员的来源，要结合再就业工程，以招聘下岗人员，特别是要以招聘'4050'人员[3]为主"（上海市民政局，2001）；其后规定"按照市政府'万人就业'项目要求，从事居家养老服务的人员主要招用失

---

〔1〕　非正规就业劳动组织是指组织本市失业人员、协保人员、农村富余劳动力，通过开发社区服务业、家庭工业和工艺作坊等小型制作业、为单位提供社会化服务等进行生产自救，以获得基本的收入和社会保障的一种社会劳动组织（上海市劳动和社会保障局，2003）。

〔2〕　万人就业项目是上海市政府自 2003 年开展的重要项目之一，其宗旨是促进年长、在劳动力市场中处于较弱竞争力的下岗职工再就业（韩正，2003）。

〔3〕　"4050"人员是指男性 50 岁以上、女性 40 岁以上的大龄下岗失业者（吴焰，2001）。

业、协保人员和农村富余劳动力"（上海市民政局，2004），并明确"招聘对象为具有本市常住户口的失业、协保人员和农村富余劳动力，优先招聘就业特困人员和就业困难人员"（上海市民政局等，2004）。因此，社区助老员主要是由"万人就业项目"中的"4050"下岗职工和少数外来从业人员[1]组成。他们需要参加由市劳动保障局指定的居家养老服务培训机构开展的上岗培训课程，并取得上海市护理员执业证书后方可持证上岗（上海市民政局，2001）。社区助老员的培训费用由政府财政拨款，其中属于"万人就业项目"的助老员培训费用由劳动部门"万人就业项目"政策中的培训经费补贴，其他助老员的培训费用则由市外来从业人员技能培训资金统筹（上海市民政局等，2006；上海市民政局，2009）。助老员的福利待遇主要包括工资收入、岗位津贴、小城镇保险和其他补贴（上海市民政局，2004）。社区助老员工资收入是通过直接或间接为老人提供居家养老服务获得的（上海市民政局，2009）。属于"万人就业项目"助老服务员的岗位补贴、交通费和误餐费等主要是由上海市促进就业专项资金、市和区（县）两级政府财政以及市失业保险基金资金拨款（上海市民政局，2009）。每位护老员每年劳保用品不得超过300元（上海市民政局，2009）。到2010年末，上海市共有233家社区助老服务社，3.3万名社区居家养老服务人员，为25.2万名居家老人提供社区居家养老服务，约占本市户籍老年人口的8%（上海市综合为老服务平台，2016）。

（3）建立养老服务需求评估体系

上海于2001年着手准备养老服务需求评估体系，以建立客观、公正和规范的养老服务需求评估指标；2003年，上海根据香港和日本的先进经验，对养老服务需求开展了评估工作（高菊兰，2006；马伊里，2008）。上海市政府聘请上海社会福利协会评估居家养老服务申请人的身体状况（上海市民政局，2004b）。2004—2005年间，在学习荷兰、瑞典和法国的先进经验基础上，上海结合自身实际情况，初步建立了养老服务需求评估体系（高菊兰，2006；马伊里，2008）。2005年，上海在全市范围内推广《上海市养老服务需求评估标准》（上海市民政局，2005）。该评估指标体系主要包括四大主要参数（即老人生活自理能力、认知能力、情绪行为和视觉能力）、两大背景参数

---

〔1〕 外来从业人员是指符合本市就业条件，在本市务工、经商但不具有本市常住户籍的外省、自治区、直辖市的人员（上海市人民政府，2002）。

（即社会生活环境、重大疾病）和相对应的分值。其中，生活自理能力包括进食、个人卫生、穿衣、如厕及排泄和移动等；认知能力包括近期记忆、程序记忆、定向能力和判断能力等；情绪行为包括情绪、行为和沟通能力；视觉能力是指看见事物和安全照顾自己的能力。总计 13 项，各项分值分为四类：正常（0~5 分）、轻度依赖（6~17 分）、中度依赖（18~30 分）和重度依赖（31 分及以上）（上海市民政局，2005）。2006 年 11 月起，上海市养老服务需求评估体系正式运用在居家养老服务申请过程中，并且该项评估费用由财政拨款（上海市民政局等，2006）。上海率先在我国大陆地区建立了较为完善的养老服务需求评估体系。

（4）资助居家老人

在这一发展阶段中，居家养老服务的目标人群是从有服务需求的、符合政策要求并获得政府补贴的少数居家老人开始的，逐渐扩大到有服务需求的、符合较宽泛政策要求并获得政府补贴的部分居家老人，然后发展为有服务需求的、包括符合更宽泛政策要求并获得政府补贴的部分老人在内的大部分居家老人（见表 3-1）。具体而言，第一类是有服务需求且获得政府补贴的居家老人，从最初的少数老人逐渐扩大为部分老人，即从低于生活最低保障线的老人、老年劳模、老年归侨、老年优抚对象、高龄老人等经济困难或有特殊贡献的这类有服务需求的居家老人扩大到最低生活保障的老人（"低保"老人）或低收入老人[1]、月均养老金低于全市城镇企业职工的平均水平的独居高龄老人或纯老人家庭[2]的高龄老人、有特殊贡献的老人（包括军烈属的老年家属，残疾军人，国家级、省级或市级劳动模范和归国华侨等）、百岁老人和其他高龄老人；第二类是有服务需求、无政府补贴但自行购买服务的居家老人，即自己付费购买所需居家养老服务，他们没有获得任何政府补贴（上海市民政局，2004；上海市民政局等，2008；上海市民政局，2009）。

---

〔1〕 低收入老人是指以家庭成员总收入达不到上海市政府所规定的低收入家庭的老人。目前，城镇低收入家庭是指家庭人均月收入在本市城镇最低生活保障线标准150%以下的家庭。现行城乡居民最低生活保障标准的 1.5 倍调整为本市城乡低收入家庭人均可支配收入标准（具体按照市统计局最新公布的本市低收入家庭人均可支配收入标准执行）（上海市人民政府，2011）。

〔2〕 纯老人家庭是指独居或同住成员均为 60 岁及以上老年人的家庭，包括子女不在上海的独居老人家庭；子女不在上海，有两位以上高龄老人（80 岁及以上）家庭；患有严重疾病的老人家庭；残障老人家庭以及其他需要特殊照顾的老年人家庭（罗菁，2004）。

表 3-1　2001—2008 年上海市居家养老服务补贴对象

补贴对象	资格标准	每月补贴金额
2001 年：低于生活最低保障线的老人、老年劳模、老年归侨、老年优抚对象、高龄老人等经济困难或有特殊贡献者		
2003 年：以现金形式发放补贴		
有经济困难的老人	60 岁及以上老人，且生活水平低于"低保标准"	
有特殊贡献的老人	有特殊贡献且有经济困难的老人，如残疾军人、老年军烈属、劳动模范和归国华人华侨	□ 低于 200 元
特殊老人	有经济困难的 80 岁及以上高龄老人，或独居老人，或其他老人	
2004 年：以服务券形式发放补贴		
有经济困难的老人	●日常生活部分或全部不能自理的老人 ●"低保"或低收入 ●经评估后有服务需求	□ 100～250 元
有特殊贡献的老人	●有特殊贡献的老人，如残疾军人、老年军烈属、国家级或省级劳动模范和归国华人华侨 ●日常生活部分或全部不能自理 ●经评估后有服务需求	□ 50～250 元
百岁老人	100 岁及以上老人，且经评估后有服务需求	□ 100 元
其他高龄老人	除了上述情况的 80 岁及以上的老人，且经评估后有服务需求	□ 可补贴 15% 服务费用，但补贴总额不可超过 150 元
2005 年：提高有经济困难老人的补贴额		
有经济困难的老人	●日常生活部分或全部不能自理的老人 ●"低保"或低收入 ●经评估后有服务需求	□60～69 岁低保老人：150 元 □70～79 岁：150 元 □80～89 岁：200 元 □90 岁及以上：250 元

续表

2006 年：提高补贴额，并为有经济困难的老人增加了特殊护理补贴

低保或低收入老人	●60 岁及以上 ●"低保"或低收入 ●经评估后有服务需求	□ 轻度照料：200 元 □ 中度照料：300 元（200 元养老服务补贴和 100 元专项护理补贴） □ 重度照料：400 元（200 元养老服务补贴和 200 元专项护理补贴）

2008 年：扩大服务对象并提高补贴额

低保或低收入老人	●60 岁及以上老人 ●"低保"或低收入 ●经评估后有服务需求	□ 轻度照料：300 元 □ 中度照料：400 元（300 元养老服务补贴和 100 元专项护理补贴） □ 重度照料：500 元（300 元养老服务补贴和 200 元专项护理补贴）
80 岁及以上高龄老人可获 50% 服务补贴	●80 岁及以上 ●独居或纯老人家庭成员 ●月均养老金低于城镇企业职工养老金平均水平 ●经评估后有服务需求	□ 轻度照料：150 元 □ 中度照料：200 元（150 元养老服务补贴和 50 元专项护理补贴） □ 重度照料：250 元（150 元养老服务补贴和 100 元专项护理补贴）

资料来源：上海市民政局，2001；上海市民政局，2003；上海市民政局，2004；上海市民政局等，2005；上海市民政局等，2006；上海市民政局等，2008。

（5）规范工作流程

上海居家养老服务的标准化工作流程为"申请—评估—审批—服务确认—服务提供—变更—终止"（上海市民政局，2009）。根据图 3-3，我们可以看到上海居家服务工作的主要流程为：① 申请，即自费购买服务的老人可直接到社区助老服务社申请并填写《上海市居家养老服务申请表》，约定服务内容、服务时间、服务费用；服务补贴申请人到街道（镇）社区事务受理服务中心（或者社区居家养老服务中心）申请，并接受经济状况审核。② 评估，即养老服务评估员上门对服务补贴申请人进行养老服务需求评估。③审批，

即街道（镇）居家养老服务中心对补贴申请提出初审意见，并报区（县）居家养老服务指导中心核准后，向符合补贴条件的申请人发放《准予服务补贴告知书》，同时通知社区助老服务社；对不符合补贴条件的申请人，街道（镇）居家养老服务中心应发放《不予服务补贴告知书》。如果申请人对告知结论有异议的，可向街道（镇）社区事务受理服务中心（或者社区居家养老服务中心）申请复检评估。④服务确认，即社区助老服务社接到服务补贴对象信息后，根据其审批的补贴额度，核定服务内容，发放服务券。社区助老服务社根据自费服务老人的服务需求，约定服务内容和收费。⑤服务提供，即社区助老服务社制定服务计划，安排服务人员，提供居家养老服务。⑥变更，即街道（镇）居家养老服务中心对长期服务的补贴老年人应进行持续评估，及时调整补贴标准和服务内容。⑦终止，即街道（镇）居家养老服务中心对已不符合服务补贴条件或身故的老年人终止服务与补贴（上海市民政局，2009）。

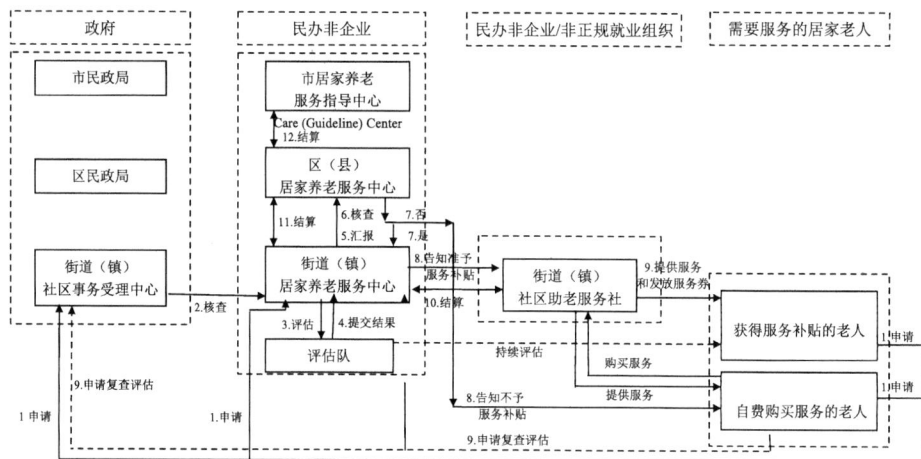

图 3-3　上海居家养老服务的工作流程

资料来源：上海市民政局，2009。

3.2.2 发展稳定期：政府监管市场、机构稳定发展

上海社区助老服务社发展稳定期是从 2010 年至 2017 年左右。2010 年，上海率先提出了《社区居家养老服务规范》，制定了社区居家养老服务的内

容，规定了社区居家养老服务的组织、从业人员、服务项目、服务流程以及服务改进等要求（上海市民政局，2010），这标志着上海居家养老服务进入发展成熟期、社区助老服务社也进入发展稳定期；2015年又出台了《社区居家养老服务规范实施细则（试行）》（上海市民政局，上海市老龄工作委员会办公室，2015），进一步细化社区居家养老服务的各项内容及要求，增强实用性和可操作性，以加快推进社区居家养老服务的标准化建设工程。在这一发展阶段，上海社区助老服务社主要发展特征可归纳为"政府监管市场、机构稳定发展"，即政府加快转变职能，通过购买居家养老项目化服务以完善"补需方"为主的财政补贴政策，从而管理和监督居家养老服务市场，规范服务机构以满足居家老人的服务需求，以"注重政策和服务资源的公平、有效分配，培育公平竞争的服务环境"（上海市民政局，上海市财政局，2015）。

（1）机构定位

政府明确定位社区助老服务社的机构类型和服务内容。社区助老服务社是属于社区养老服务机构，而非医疗类服务组织，即是须经法人登记且经营范围或主营业务为社区养老服务业务；是属于社区养老服务机构中的居家照护服务机构，而非社区养老服务机构中的社区托养服务机构，即是通过上门服务方式为老年人提供专业化的居家照护服务，而不是为老年人提供日托、临托、全托等集中照护的社区托养服务（上海市人民政府办公厅，2017）。也就是说，社区助老服务社是属于社区养老服务机构中的居家照护服务机构，通过上门服务方式为老年人提供专业化的居家照护服务。

（2）政府购买服务

政府通过购买社区助老服务社等提供的社区居家养老服务项目，以管理居家服务机构。政府出资建设的社区养老服务机构，应重点为经老年照护统一需求评估达到相应等级的老年人提供符合要求的养老基本公共服务（上海市人民政府办公厅，2017），即经老年照护统一需求评估达到相应照护等级的户籍老年人以及符合本市优待优抚政策规定的户籍老年人方可享受居家、社区、机构等养老基本公共服务；属于养老基本公共服务保障对象的老年人，经经济状况评估，符合财政补贴条件的，政府给予相应的居家、社区和机构养老服务补贴（上海市人民政府办公厅，2015）。政府按照《中华人民共和国政府采购法实施条例》以及本市政府购买服务有关规定，制定公布养老基本公共服务和服务供给主体（包括居家、社区老年照护服务供给主体以及机构养老和护理服务供给主体）的各项标准和管理规范；凡符合标准和管理规范的企业、事业单位和社会组织，均可成为养老基本公共服务合格供应商（上海市人民政府办公厅，2015）。养老基本公共服务保障对象可以在合格供应商范围内，自主选择服务供给主体，享受养老基本公共服务；政府根据保障对象的自主选择结果，与为其提供服务的合格供应商进行结算（上海市人民政府办公厅，2015）。

（3）建立健全监督机制

政府通过建立健全养老基本公共服务合格供应商监管机制，加强对社区助老服务社等居家服务机构的监督。政府对社区养老服务机构的日常运营、人员资质、服务能力、财务状况、诚信等开展综合评估，加强事中事后监督管理，定期将情况向社会公布，接受社会监督（上海市人民政府办公厅，2017）；建立由购买主体、服务对象及第三方组成的综合性评价机制，对购买服务项目的数量、质量和绩效进行评价，评价结果定期向社会公布，并对评价不合格的供应商取消其提供养老基本公共服务的资格（上海市人民政府办公厅，2015）。

（4）加强队伍建设

针对包括居家养老护理人员在内的养老护理人员数量不足、结构不合理等问题，政府制定专项规划，加强护理人员队伍建设。首先，实行鼓励劳动者从事养老护理的就业政策，逐步健全养老服务行业相对合理的薪酬体制和动态调整机制，以增加养老服务行业和工作岗位的吸引力。例如，对社区居家养老服务来沪从业人员开展灵活就业登记，对符合条件的参加养老护理职业培训和职业技能鉴定的从业人员给予相关补贴（上海市人民政府，2014），并规定"养老护理员的培训补贴、就业补贴、社保补贴等扶持政策，所需资金按国家和本市规定从相应渠道列支"（上海市人民政府办公厅，2015）。此外，社区居家养老服务等服务收费虽按照社区养老服务有关规定执行（上海市人民政府办公厅，2018），但也形成了养老服务补贴标准与本市最低小时工资同步调整的动态联动机制（上海市民政局，上海市财政局，2015）。其次，继续推进养老护理职业教育和职业培训体系。一方面，加强养老护理人才教育体系建设，支持和鼓励开办养老护理相关专业；另一方面，加大养老护理人员的技能培训力度，鼓励开展养老护理员职业技能培训，并实施养老护理人员职业培训补贴政策（上海市人力资源和社会保障局等，2015）。最后，政府还探索有利于养老护理人员队伍稳定的鼓励政策，如将养老护理纳入居住证积分管理特定的公共服务领域范畴、制定护理人员职业技能等级和从业年限补贴等（上海市人力资源和社会保障局等，2015）。

3.2.3 发展转型期：机构转型并寻求新发展

2018 年开始，属于非正规就业劳动组织的社区助老服务社必须转制发展；同时，上海在全市范围内推广长期护理保险试点工作，社区助老服务社可申请并经评估后成为长期护理保险定点护理服务机构。面对这些新的机遇，社区助老服务社必须寻求新发展，以成为"专业化、社会化的社区养老服务组织和队伍"（上海市民政局，上海市财政局，2018）。

（1）机构转型

根据《上海市劳动和社会保障局关于规范非正规就业劳动组织管理的若干意见》，劳动组织申领的《非正规就业劳动组织证书》有效期为 1 年，其后年检合格的可延长有效期 1 年，累计有效期一般不超过 3 年；3 年有效期到期后，原则上注销其劳动组织资格，劳动组织可以按有关规定转为经济组织。如劳动组织不符合转为经济组织条件的，可以在重新评估其资产总额（一般不得超过 50 万元）后重新申办（上海市劳动和社会保障局，2003）。劳动组织有权获得地区就业服务机构提供的各项公共服务，并可按规定 3 年内享受相关优惠扶持政策；劳动组织在 3 年优惠期内提前转为企业、民办非企业、个体工商户的，可以继续享受优惠扶持政策至 3 年优惠期满（上海市劳动和社会保障局，2003）。从 2011 年 12 月 1 日起，上海停止接收经营型非正规就业劳动组织的认定申请，并规定处于有效期内的经营型非正规就业劳动组织，可继续按照原相关文件规定执行；还要求积极落实鼓励创业各项扶持政策措施，促进现有经营型非正规就业劳动组织转制为小企业、个体工商户等创业组织（上海市人力资源和社会保障局，2011）。《关于加快推进本市养老护理人员队伍建设的实施意见》中提出"促进现有队伍组织社会化转型发展。鼓励现有社区助老服务社等非正规就业劳动组织转制为民办非法人或企业法人，或由其他独立法人性质的用人单位对原组织从业人员进行吸纳归并"（上海市民政局等，2018）。也就是说，属于非正规就业劳动组织的社区助老服务社在2018 年左右必须完成转型发展，可转制为民办非企业或者企业，或者安置其从业人员到其他用人单位工作。

（2）机构纳入长期护理保险体系

2017 年上海在徐汇、普陀、金山三个区先行开展长期护理保险试点工作（许婧，2017），2018 年 1 月开始在全市范围内开展长期护理保险试点工作（周蕊，2018）。社区居家照护服务纳入长期护理保险范畴，社区养老服务组织可申请成为长期护理保险定点护理服务机构（上海市人民政府，2017）。社区居家照护服务、养老机构照护和住院医疗护理是长期护理保险的三大服务内容，政府鼓励依法成立的具有法人资质、能开展长期护理服务的社区养老服务机构申请经评估后成为长期护理保险定点护理服务机构（上海市人民政府，2017）。同时，为了加快社区助老服务社的转型，"原组织中从业人员从事长期护理保险业务的，相关用人单位可按规定申请享受用人单位吸纳'就业困难人员'补贴政策，不再享受公益性岗位相关补贴政策；其他人员继续保留原公益性岗位政策待遇"（上海市民政局等，2017）。在开展长期护理保险的同时，政府还对居家照护服务机构等非营利性社区养老服务机构实施"以奖代补"扶持政策，设立"招用持证养老护理人员奖"和"招用专技人员奖"，以促进社区居家养老服务工作的专业化发展（上海市民政局，上海市财政局，2017）。同时，政府进一步要求规范操作，优化服务，要求"各区民政局要加强对基层服务组织、服务实体、服务管理机构的业务指导和监督管理；要进一步规范服务机构的遴选机制，通过招募、招标等方式确定专业化服务机构，加快助老服务社的转型，培育专业化、社会化的社区养老服务组织和队伍"（上海市民政局，上海市财政局，2018）。

3.3 讨　论

综上所述，上海社区助老服务社的发展特征为：在建立初期，政府建管并举培育居家养老服务市场，强力扶持服务机构以逐步满足居家老人的服务需求，从而使得社区助老服务社快速建立并迅速成长；在发展稳定期，政府管理和监督居家养老服务市场，规范服务机构以满足居家老人的服务需求，从而使得社区助老服务社稳定发展；在发展转型期，机构转型并纳入长期护理保险体系以寻求新发展。在梳理上海社区助老服务社近二十年的发展经验基础上，为了促进其可持续发展，我们还应处理好以下几个方面的关系：

首先是政府要处理好与服务机构的关系，确保政府主导地位。在上海社区助老服务社建立初期，政府包揽了该服务机构的方方面面，如构建管理体制，扶持资金，引入服务券购买服务，制定行业规范，建立评估机制等，成为名副其实的"大政府"。在这种"大政府"的环境中，政府不仅仅要承担居家养老机构发展的宏观层面上的管理、推进、监督、规划等工作[1]，还要直接从事微观层面上的具体事务性工作，不但加大了政府的各种投入，也成为政府进一步推进居家养老服务发展的阻碍；而提供居家养老服务的机构却萎缩成了"小机构"，这些服务机构完全依赖政府、缺乏工作独立性，本应由服务机构承担的职责却被转嫁到了政府身上。在上海社区助老服务社发展稳定期，政府开始转换职能，逐渐向"小政府"发展。上海市民政局制定的《上海市社区养老服务管理办法》规定，市民政局负责本市社区养老服务设施和机构的发展规划、政策制定、服务规范、指导和监督；各区民政局负责本辖区内社区养老服务的具体组织实施和管理；市、区发展改革、财政、人力资源社会保障、卫生计生、规划国土资源、工商行政管理、经济信息化、商务、公安（消防）、食品药品监管等各有关部门按照各自部门职责，做好社区养老服务的指导和管理工作；街道办事处、镇（乡）政府负责整合社区服务资源，发展社区养老服务，培育扶持各类社会服务机构开展社区专业照护服务，组织指导居（村）委会以及老年人组织等为老年人服务（上海市民政局，2017）。因此，要处理好政府与服务机构的关系，只有厘清政府在社区助老服务社等养老服务机构发展中的职责及具体内涵，即"哪些是该管的"以及"怎样管好该管的"，必须学会"放手"和"抓牢"，才能确保其真正的主导作用。

其次是服务机构要处理好与政府的关系，明确服务机构定位。回顾上海社区助老服务社的发展过程，我们不难发现社区助老服务社的确是在政府的积极扶持下发展起来的，其开办、运营、培训和人员配备等都离不开政府，因此造成了政府职能部门与居家养老机构之间是领导与被领导、命令与服从的行政隶属关系，而不是指导与协调、监督与服务的关系；政府把非正规就业组织或民办非企业性质的社区助老服务社变成了其附属机构，并利用行政

---

[1]　因为篇幅限制，本部分内容尚未具体展开讨论。详细内容可参考课题组已发表的项目阶段性成果《上海居家养老服务中政府职能分析》。

权力直接干预这些社会组织的自主权利。这种"政社不分"的现象，一方面使得政府把服务机构纳入自己的体系，加重了自己的行政管理负担；另一方面也导致了居家养老机构对其自身定位的模糊，在居家养老服务市场中缺乏应具有的独立性和能动性，从而不利于自身的健康成长。在社区助老服务社发展稳定期，政府开始转换职能，采用"以奖代补"的方式鼓励民办非企业性质的社区助老服务社发展，以"深化体制改革。加快转变政府职能，减少行政干预，加大政策支持和引导力度……提高服务质量和效率"（国务院，2013）。因此，社区助老服务社在转型后应明确自己的定位，进一步厘清与政府的关系，在长期护理保险制度下积极壮大自己，成为长期护理保险服务机构的中流砥柱。第一，社区助老服务社应明确自己民办非企业性质，充分享受非营利机构的各类优惠政策，积极发展居家养老服务项目；第二，社区助老服务社应在社会力量参与养老服务市场竞争过程中，积极应战，通过良性竞争提升服务质量、完善发展；第三，社区助老服务社应主动利用政府提供的各类培训政策和财政补贴，努力提升自身护理员的专业素质和人才结构，尽可能提升服务人员福利待遇，以稳定自身人员队伍。

3.4 本章小结

我们在简要回顾上海居家养老机构发展历史基础上，以社区助老服务社为例，总结社区助老服务社发展路径及其主要特征为：在建立初期，政府培育市场、机构快速成长；机构定位为非正规就业劳动组织或是民办非企业单位，是为所在街道（镇）的老人提供居家养老服务；政府财政强力扶持，在社区助老服务社的开办、运营、培训和员工补贴等多方面给予资助；建立了较为完善的养老服务需求评估体系；居家养老服务的目标人群是从有服务需求的、符合政策要求并获得政府补贴的少数居家老人开始的，逐渐扩大到有服务需求的、符合较宽泛政策要求并获得政府补贴的部分居家老人，然后发展为有服务需求的、包括符合更宽泛政策要求并获得政府补贴的部分老人在内的大部分居家老人；建立了标准化居家养老服务工作流程，即"申请—评估—审批—服务确认—服务提供—变更—终止"。在发展稳定期，政府监管市场、机构稳定发展；机构定位为属于社区养老服务机构中的居家照护服务机构，是通过上门服务方式为老年人提供专业化的居家照护服务；政府通过购买社区助老服务社等提供的社区居家养老服务项目，以管理居家服务机构。政府通过建立健全养老基本公共服务合格供应商监管机制，加强对社区助老服务社等居家服务机构的监督；政府制定专项规划，加强护理人员队伍建设，以解决包括居家养老护理人员在内的养老护理人员数量不足、结构不合理等问题。在发展转型期，机构转型并纳入长期护理保险体系以寻求新发展；属于非正规就业劳动组织的社区助老服务社必须转型发展，可转制为民办非企业或者企业，或者安置其从业人员到其他用人单位工作；社区居家照护服务纳入长期护理保险范畴，社区养老服务组织可申请成为长期护理保险定点护理服务机构。其后，我们试图讨论政府与服务机构之间的关系，以促进其可持续发展。首先，政府要处理好与服务机构的关系，确保政府主导地位。只有厘清政府在社区助老服务社等养老服务机构发展中的职责及具体内涵，即"哪些是该管的"以及"怎样管好该管的"，必须学会"放手"和"抓牢"，才能确保其真正的主导作用。其次，服务机构要处理好与政府的关系，明确服务机构定位。社区助老服务社在转型后应明确自己的定位，进一步厘清与政府的关系，在长期护理保险制度下积极壮大自己，成为长期护理保险服务机构的中流砥柱。

上海助老服务社发展路径实证分析

　　课题组选取了最早建立的上海社区助老服务社之一、也是顺利转制成功的民办非企业单位的 Z 镇居家养老服务中心进行实证研究。为了深刻认识 Z 镇居家养老服务中心的发展情况，我们在搜集其发展的相关资料的基础上，结合访谈记录整理，归纳总结 Z 镇居家养老服务中心的发展阶段及主要特征：发展初期，内部管理和外部业务均处于摸索期；发展中期，内部管理和外部业务均处于稳定期；发展新时期，成功转型但外部业务处于新探索期。

4.1 发展初期：内部管理和外部业务均处于摸索期

　　上海市开展居家养老服务初期，2002 年非正规就业劳动组织形式的 Z 镇社区助老服务社成立，其认定部门是上海市劳动保障部门，其管理和指导机构是浦东新区劳动保障部门，其日常管理机构是 Z 镇就业服务机构[1]。与此同时，成立了 Z 镇居家养老服务中心，其全称为上海浦东新区 Z 镇居家养老服务中心，是 2002 年 6 月在浦东新区社会团体管理局登记的民办非企业单位，其行业主管部门是浦东新区 Z 镇人民政府，注册资金为 3 万元人民币，业务范围是老人上门、日托服务[2]。也就是说，Z 镇社区助老服务社是非正规就业劳动组织，而 Z 镇居家养老服务中心是民办非企业单位，但事实上上述两个机构是同一套管理人员[3]。根据 Z 镇居家养老服务中心主任（访谈对象 A1-QHY）回忆，Z 镇社区助老服务社是从 2002 年开始的，但其正式开始

---

〔1〕 根据访谈 A1-QHY 访谈资料整理而成。
〔2〕 根据上海社会组织信息公开平台 http://xxgk.shzz.mzj.sh.gov.cn/提供的信息整理而成。
〔3〕 由于 Z 镇居家养老服务中心尚未做实，该机构对外称 Z 镇社区助老服务社。

应该是 2004 年，因为 2002 年刚开始时没有服务的老人，Z 镇居家养老服务中心仅仅是注册，实际上是没有人员和业务的[1]。

> 我们机构从无偿服务发展到低偿服务，再到有偿服务。2004 年，从（社区）助老服务社正式开始，然后是居家养老服务中心、日托，再到现在的长护险（长期护理保险）。（访谈 A1-QHY）

在 Z 镇社区助老服务社发展初期，其服务员人数很少[2]。

> 一开始，我进来的时候（2005 年），包括服务员、管理人员就 20、30 人。（访谈 B4-CJP）
> 我来得早（2006 年），那时（服务员）是 30 个，我是第 31 个。（访谈 B6-FJB）
> 我是 2006 年来的，之前在纱厂也干过，当车工。找到这个工作是因为之前那个单位搬走了。我们属于 4050 下岗的。当时找到这个工作是因为我们隔壁有个人在做，做了之后，她跟我说的。然后我正好下岗没地方，然后自己找过去。（访谈 C4-WYJ）
> 我是（20）07 年来的，那时候听说有这份工作，没有招聘信息，因为我的婆婆跟这个单位的人之前都是一个村里的，所以通过婆婆的介绍获得这份工作。（访谈 C2-LYP）
> 我记得我进来的时候（2007 年）一百个都不到。现在也就是稳定在两百个左右。（访谈 B1-ZY）
> 我 2006 年来的时候服务员大概就十几个人。那时候开会就是一个圆桌，圆桌大概也就能坐十几、二十个人。当时没有什么管理人员，就是一个社长，我进去了以后就是办公室有一个人。当时也没有什么评估员，也没有什么信息员，什么都没有的。（访谈 A1-QHY）
> （服务员）都是那些农村的，有的甚至都没有上过班的，比如说开个会啊，就是感觉像在生产队里开会一样。（有的）带着小孩哇啦哇啦在下面，那个时候我就在想，哎呀，这支队伍这个……（访谈 A1-QHY）

---

[1]　根据访谈 A1-QHY 访谈资料整理而成。
[2]　由于这部分缺乏相应的文件材料，仅能从访谈对象的访谈中获取相关信息。

在 Z 镇社区助老服务社发展初期，Z 镇社区助老服务社的服务对象即服务的居家老人人数也很少，对居家老人的服务内容也基本为关心关爱类服务。由于缺乏统一的居家养老服务标准，Z 镇社区助老服务社尚未对其服务员进行专业培训[1]。

(20) 06 年的时候，大概有 80 个老人，到现在已经有 200 多个了。发展快，服务老人和培训方面变得比较严格。(访谈 C1-LZR)

那时候（2006 年）老人申请的也很少，我觉得是他们观念上不接受。他们觉得家里有子女的为什么要让别人来做这些事。当时他们主要是不愿意申请。人很少，那个时候我们还去动员他们申请。(访谈 A1-QHY)

在做评估的时候，我们发现有一些老人，不是低保低收入，没有政府补贴，但是确实很需要帮助的。于是，我们招投标做了一个失能老人的照顾的项目，并且为了保障可以长期服务这些老人，十二五的时候我就提出来了，所以区里面做了一个区扩改政策。(访谈 A1-QHY)

接下来就是一些服务员，但我觉得当时的服务员也算不上是服务员，只能说是关爱人员，当时我们做的项目很少，就是上门关心一下。打扫卫生有，但是很简单，没有标准，而且时间上都没有一个标准，所以我觉得那时候基本上是称为关爱人员比较好。那时候也没有回访，什么都没有。(访谈 A1-QHY)

2007 年开始，Z 镇社区助老服务社开始走向正轨，在居家养老服务中开始采用上海市养老服务需求评估体系[2]，所服务的居家老人数量开始增加，基本上是属于政策范围内的、有居家养老服务需求的、经济困难或者有特殊贡献老人。其招聘的服务员人数也开始增加，主要属于"4050"再就业人员。

(20) 07 年（我）去考了第一批的评估员证书。对老人的评估是比现在简单，但是也差不多就是这些，认知啊，自理能力啊……这几块的

---

[1] 由于这部分缺乏相应的文件材料，仅能从访谈对象的访谈中获取相关信息。
[2] 这也回应了 3.2.1 (3) 建立养老服务需求评估体系中 "2006 年 11 月起，上海市养老服务需求评估体系正式运用在居家养老服务申请过程中"。

是一样的。就是五大能力的那个表，但是内容少了很多。那时候（服务的老人）不多的，大概一百个左右。服务员也不多，就大概十几二十个。那个（20）07年开始评估，是有指标的，那个时候是每个区里面对居家养老每年有一个指标，所以那个时候我们是让村（居）委报数字，硬压下去的，你要报多少，多少老人上来，然后去评估，基本上评估了都能上来，那个时候不能说是我评不到，基本上是你能报上来的，基本都能。当时服务对象就是困难老人、优抚、贡献对象这种类型的。服务员全部是"4050"的，就是万人就业的，是社保中心的窗口推荐过来的。（失业原因是）什么工厂搬迁啊，什么买断工龄啊……后来还是开后门找关系要进来的。（访谈A1-QHY）

同时，服务员必须参加上岗培训，在取得上海市护理员执业证书后方可持证上岗[1]，因此服务员开始具备基本的居家养老服务专业知识。

我好像是（20）06年考居家养老护理员的证书的（初级）。（访谈B4-CJP）

刚开始的时候是上岗证，2006年的时候就拿到了。大概（20）07、（20）08年左右拿到了初级，（20）08年左右拿到了中级。（访谈C1-LZR）

4.2 发展中期：内部管理和外部业务均处于稳定期

由于2011年12月开始，上海市全面停止接收经营型非正规就业劳动组织的认定申请，[2]并且要求非正规就业劳动组织招人"只出不进"，Z镇社区助老服务社开始做实Z镇居家养老服务中心，即将新进人员放入Z镇居家养老服务中心编制中[3]。在这一发展阶段，Z镇社区助老服务社和Z镇居家养

---

〔1〕　这也回应了3.2.1（2）财政强力扶持中"他们需要参加由市劳动保障局指定的居家养老服务培训机构开展的上岗培训课程，并取得上海市护理员执业证书后方可持证上岗（上海市民政局，2001）"。
〔2〕　这也回应了3.2.3（1）机构转型中"2011年12月1起，上海停止接收经营型非正规劳动组织的认定申请"（上海市人力资源和社会保障局，2011）。
〔3〕　根据访谈A1-QHY访谈资料整理而成。

老服务中心对外并存，主营业务是为 Z 镇居家老人提供居家上门服务。后来还承接 Z 镇老年综合服务中心、Z 镇老吾老日间照护中心和 TP 日间照护中心的管理工作，也就是说五个机构同一套管理人员〔1〕。

（1）内部管理日趋规范

在这一时期，Z 镇居家养老服务中心（Z 镇社区助老服务社）〔2〕的内部管理日趋规范化，于 2014 年成功申报《创建民办非企业单位规范化建设 AA 级》〔3〕认证、2016 年成功申报《创建民办非企业单位规范化建设 AAA 级》认证，成为较规范的民办非企业单位〔4〕。

首先，编制了《上海浦东新区 Z 镇居家养老服务中心工作手册》，主要包括机构介绍、使命、服务理念、服务模式、组织结果、部门职责和岗位职责、行为规范和礼仪常识、考勤制度、奖惩条例、员工沟通渠道、福利待遇、入职指南、投诉处理方法、服务流程和服务标准等 15 部分内容〔5〕。同时，Z 镇居家养老服务中心还制定了《Z 镇居家养老服务中心服务员季度考核执行标准》（见附件 5）、《Z 镇居家养老服务中心××××年×季度考核》（见附件 6）和《Z 镇居家养老服务中心员工违规通知单》（见附件 7）等规章制度。并开始撰写年度工作总结报告，按时向其主管部门——上海市社会团体管理局提交《上海市民办非企业单位年度检查报告书》〔6〕。

其次，规范服务员提供的居家养老服务内容，制定并细化服务质量考核。2012 年，Z 镇居家养老服务中心对老年人基本情况台账进行了逐步更新，还进一步规范了居家养老的各项服务内容，对助老服务员明确规定了提供服务

〔1〕 根据访谈 A1-QHY 访谈资料整理而成。
〔2〕 由于 Z 镇居家养老服务中心开始做实，机构对外开始称 Z 镇居家养老服务中心，其实是 Z 镇居家养老服务中心和 Z 镇社区助老服务社并存状态。
〔3〕 社会组织等级是 2010 年民政部出台的《社会组织评估管理办法》中关于社会组织的等级评定标准。社会组织等级是民政部门对经各级人民政府民政部门登记注册的社会团体、基金会、民办非企业单位进行客观全面的评估，并作出评估等级结论。社会组织评估结果分为 5 个等级，由高至低依次是 5A 级（AAAAA）、4A 级（AAAA）、3A 级（AAA）、2A 级（AA）和 1A 级（A）。获得 4A 以上评估等级的社会组织可简化年度检查程序。获得 3A 以上评估等级的社会组织，可优先接受政府职能转移，获得政府购买服务，获得政府奖励。其中，民办非企业单位实行规范化建设评估的评估内容包括基础条件、内部治理、业务活动、诚信建设和社会评价等（民政部，2010）。
〔4〕 资料来源为《2014 年 Z 镇居家养老服务中心工作总结》和《2016 年 Z 镇居家养老服务中心工作总结》。
〔5〕 资料来源为《Z 镇居家养老服务中心工作手册》。
〔6〕 资料来源为根据 Z 镇居家养老服务中心内部资料整理而成。

的各项条款，如工作时间、服务内容、护理的具体项目等，进一步规范和完善了居家养老的服务内容[1]。此外，还制定了服务质量考核得分表。每季末召开专门会议对服务员进行考核，考核采取服务对象评（占50%考核分数）、巡视员评（占30%考核分数）、服务对象家属评（占20%考核分数）的方式，综合考核分数作为每季考核结果。对考核评估在92分以上的评定为"明星服务员"，对考核评估在80分以上的评定为"合格服务员"，对考核评估不足70分的评定为"最差服务员"。同时实行服务质量等级与奖励挂钩的激励机制。凡全年累计二次被评为"最差服务员"的将被淘汰，并终止与其签订的劳动合同[2]。2013年进一步细化评估考核工作，由巡视员、居家养老工作人员、村居委和第三方考评中心组成，主要对服务员的个人素质、工作态度、工作能力、专业知识、工作成果（即老人的满意度反馈）五大方面进行系统化的考核[3]。

　　调查时发现，老人把服务员称为"洗衣服的妹妹"，服务员工作内容只有洗衣服和扫地，学的护理知识不予运用。我让他们增加项目，所以做了一个服务项目确认表。使用签到机，规范上班时间。（访谈A1-QHY）

　　我是（20）09年进来的，之后（20）10年又出去过（离开）。我是去了区里面的居家养老评估和服务指导中心。2011年以后，我就过来了。（机构发展的变化）首先，之前机构会要求有养老护理员证书，现在取消了，改为养老护理员（医疗照顾）证书。其次，之前机构人员采用评估表方式进行评估，如今设置组长、片长，增加员工季度大会、区域片会等模式，管理更加严格。（访谈B2-WXF）

　　最后，加强服务员服务业务培训工作。Z镇居家养老服务中心利用每周一次例会和新老搭配、以老带新的模式对新进员工进行理论和实践培训，经认定合格后，才能允许单独上岗。并积极鼓励全体服务员进行各种养老方面的技能培训。2014年末，共有服务员200人，营养师2人，社工1人，其中

---

〔1〕　资料来源为《2012年Z镇居家养老服务中心工作总结》。
〔2〕　资料来源为《2012年Z镇居家养老服务中心工作总结》。
〔3〕　资料来源为《2013年Z镇居家养老服务中心工作总结》。

养老护理员初级证 156 人，养老护理员中级证 2 人，家政服务员初级 150 人，中级 72 人，高级 1 人。[1] 2016 年末，共有服务员 190 人，其中养老护理员初级证 163 人，养老护理员中级证 76 人，医疗照护初级证 67 人。[2]

> 我考了养老保险的评估员，还有一个养老护理初级证和一个医疗照护的初级证。我认为，专业培训对工作有帮助，因为现在我在招聘服务员，在人事这一块是我跟另外一个人负责的。本来我也不是专业的，我不知道怎么和新来的服务员培训。但是读了这个呢，我就知道，首先介绍一下我们养老里的专业知识，有的服务员没接触过这个东西，她不知道，她们脑子里的概念，就是帮老人洗洗衣服，搞搞卫生什么的，其实不是，我们读的这个证，是养老护理员不是家政。所以读了这个以后，我自己也有了这方面的知识，实际体验到了。在培训方面，我能拿出来给他们培训，否则的话，就是空的。等于是，我只能讲我们中心的概括什么的。因为我也要平时去抽查什么的，我不知道这一块的话，就不知道服务员对这些老人用的护理方法对不对。我学习了以后，我就知道，她们做的对不对。我觉得对我帮助挺大的。（访谈 B1-ZY）

（2）外部业务稳健发展并尝试市场拓展和服务外包

在这一时期，Z 镇居家养老服务中心（Z 镇社区助老服务社）的外部居家养老服务业务稳健发展，被评为 2011 年浦东新区创建"全国老年友好城市"先进单位和 2012 年度浦东新区 Z 镇"十佳"老龄工作先进集体等[3]。

第一，Z 镇居家养老服务中心制定了《Z 镇居家养老服务中心服务对象回访单》（见附件 8）、《Z 镇居家养老服务中心满意度测评表》（见附件 9）和《Z 镇居家养老服务中心业务主管满意度征询表》（见附件 10）等规章制度，规范服务员为居家老人提供的护理、助餐、助浴、助洁、洗涤、助行、代办、康复辅助、相谈、助医等"十助"服务[4]。

第二，申请扩大居家老人补贴范围。从 2017 年 7 月起，Z 镇采用街镇扩

---

〔1〕 资料来源为《2014 年 Z 镇居家养老服务中心工作总结》。
〔2〕 资料来源为《2016 年 Z 镇居家养老服务中心工作总结》。
〔3〕 资料来源为《Z 镇居家养老服务中心创建规范化建设"AA"自查报告（2014 版）》。
〔4〕 资料来源为根据 Z 镇居家养老服务中心内部资料整理而成。

大补贴，即经老年照护评估等级为 1~6 级 80 周岁及以上本镇户籍老年人，本人及其配偶家庭人均收入高于本市城乡最低生活保障标准、低于本市城乡低收入家庭标准的老年人，在享受 80% 的市级养老服务补贴后，还可享受街镇叠加补贴 20%；80 周岁及以上、本人月收入高于本市城乡低收入家庭标准、低于本市上一年度城镇企业月平均养老金的老年人，在享受 50% 的市级养老服务补贴后，还可享受街镇叠加补贴 20%[1]。至 2017 年 12 月底，累计享受镇级扩大补贴老人 1144 人次[2]。到 2017 年 12 月，Z 镇居家养老服务工作已覆盖全镇 10 个村和 41 个居委，现享受居家服务对象 1298 人（其中低收入老人 917 人；70~79 周岁 50% 补贴老人 8 人；80~89 周岁 50% 补贴老人 27 人；90 周岁及以上高龄老人 237 人；离休干部 46 人、优抚对象 22 人、计生对象 25 人）；自费老人 194 人次；享受康复服务的老人 2230 人次；全年服务老人约 14089 人次，回访老人约 2040 余人次。全年新增服务对象 269 人[3]。

第三，家政市场拓展[4]。Z 镇居家养老服务中心曾于 2014 年开始尝试拓展居家养老服务市场，携手智汇家园平台推出针对 60 周岁及以上居家老人的有偿家政服务，包括洗衣、打扫、做饭等。后来由于业务量太小而暂停了服务。在 2016 年 7 月，Z 镇居家养老服务中心又恢复了与智汇家园平台的合作[5]。

第四，拓展服务项目[6]。从 2015 年 4 月开始，Z 镇居家养老服务中心开展了医疗康复项目，该项目是 Z 镇居家养老服务中心委托福寿康居家康复护理机构[7]向服务对象提供的新增服务项目。并从原先评估等级为重度的老人可以享受每月 4 次康复保健服务拓展到中度等级的老人[8]。

----

〔1〕　资料来源为《2017 年 Z 镇居家养老服务中心工作总结》。

〔2〕　资料来源为《2017 年 Z 镇居家养老服务中心工作总结》。

〔3〕　资料来源为根据《2017 年 Z 镇居家养老服务中心工作总结》整理而成。

〔4〕　有关这部分内容的讨论，请参考第六章 6.2 市场拓展尝试。

〔5〕　资料来源为根据访谈资料整理而成。

〔6〕　有关这部分内容的讨论，请参考第六章 6.3.1 服务项目外包。

〔7〕　福寿康居家康复护理机构是为老、弱、病、残人士提供全方位的居家康护、社区照护、全程陪护、床上洗浴、智能照护、辅具服务、中医推拿保健等服务的综合性专业机构，目前也是上海市《高龄老人医疗护理计划》和长期护理保险的首批定点服务机构和上海市医保定点单位。具体可参考 http://www.zhaohu365.com/? cn-about-36.html。

〔8〕　资料来源为《2015 年 Z 镇居家养老服务中心工作总结》和《2016 年 Z 镇居家养老服务中心工作总结》。

第五，尝试与第三机构合作[1]。2017 年 7 月，Z 镇居家养老服务中心面向社会公开征选出两家第三方服务机构以承接其居家服务项目，并采用购买服务的方式委托第三方服务机构为部分老人提供居家服务。累计至 2017 年末，第三方机构服务老人共计 641 人次。Z 镇居家养老服务中心在服务质量、服务内容及服务时间等方面对第三方服务机构进行监督，通过季度考核和年度考核以全面考核其服务能力，并通过回访发现其服务的老人及其家属对其服务普遍反映良好。[2]

4.3 发展新时期：成功转型但外部业务处于新探索期

由于属于非正规就业劳动组织的社区助老服务社在 2018 年左右必须完成转型发展[3]，Z 镇社区助老服务社开始全面做实 Z 镇居家养老服务中心，将全部人员转移到 Z 镇居家养老服务中心编制中[4]。在这一发展阶段，机构继续以 Z 镇居家养老服务中心的名称发展，完全注销了先前的 Z 镇社区助老服务社，并同时管理 Z 镇老年综合服务中心、Z 镇老吾老日间照护中心和 TP 日间照护中心，也就是说四个机构同一套管理人员[5]。由于上海 2018 年 1 月开始在全市范围内开展长期护理保险试点工作，Z 镇居家养老服务中心于 2018 年 4 月正式开始开展长期护理保险业务[6]。由于长期护理保险和居家养老服务的"十助"服务在内容上有一定的差距，再加上服务对象的扩大，Z 镇居家养老服务中心开始探索在长期护理保险制度下的服务供给工作[7]。

4.4 本章小结

我们全面梳理了 Z 镇居家养老服务中心的发展路径（见表 4-1）。Z 镇助

---

〔1〕 有关这部分内容的讨论，请参考第六章 6.3.2 整体服务外包。

〔2〕 资料来源为《2017 年 Z 镇居家养老服务中心工作总结》和《2016 年 Z 镇居家养老服务中心工作总结》。

〔3〕 这也回应了 3.2.3（1）机构转型中"属于非正规就业劳动组织的社区助老服务社在 2018 年左右必须完成转型发展"。

〔4〕 根据访谈 A1-QHY 访谈资料整理而成。

〔5〕 根据访谈 A1-QHY 访谈资料整理而成。

〔6〕 根据访谈 A1-QHY 访谈资料整理而成。

〔7〕 有关这部分内容的讨论，请参考第七章 7.1.1 长期护理保险需与居家养老服务紧密衔接。

老服务社成立于 2002 年，其性质是非正规就业劳动组织，其认定部门是上海市劳动保障部门，其管理和指导机构是浦东新区劳动保障部门，其日常管理机构是 Z 镇就业服务机构。Z 镇助老服务社虽然成立于 2002 年，但实际上真正开始开展居家养老服务是 2004 年。在 Z 镇社区助老服务社发展初期，Z 镇社区助老服务社的服务员和服务对象即服务的居家老人人数都很少，对居家老人的服务内容也基本为关心关爱类服务。由于缺乏统一的居家养老服务标准，Z 镇社区助老服务社尚未对其服务员进行专业培训。当时政府政策导向为补供方与补需方同时扶持。其中，政府在 Z 镇社区助老服务社的开办、运营、培训和员工补贴等多方面给予资助，同时政府通过购买 Z 镇社区助老服务社提供的居家服务，资助有服务需求的、符合政策要求的并获得政府居家补贴的居家老人，政府建管并举以培育居家养老服务市场。同时，Z 镇社区助老服务社的服务员主要来源为"4050"万人就业项目，也促进了下岗职工再就业。Z 镇居家养老服务中心也成立于 2002 年，是在浦东新区社会团体管理局登记的民办非企业单位，其行业主管部门是浦东新区 Z 镇人民政府。但 Z 镇居家养老服务中心实际开展业务时间是 2012 年左右，是在 2011 年上海全面停止接收经营型非正规就业劳动组织认定申请并且要求非正规就业劳动组织招人"只出不进"的时候才开始做实的，将即将新进人员放入 Z 镇居家养老服务中心编制中，并开展居家养老服务业务。因此，在 2012 年—2017 年这一时期，Z 镇社区助老服务社和 Z 镇居家养老服务中心对外并存，两个机构是同一套管理人员，主营业务是为 Z 镇居家老人提供居家上门服务。政府通过补需方为主的财政补贴政策，购买 Z 镇居家养老服务中心（Z 镇社区助老服务社）提供的护理、助餐、助浴、助洁、洗涤、助行、代办、康复辅助、相谈、助医等"十助"服务，从而规范服务机构以满足居家老人的服务需求。另外，Z 镇居家养老服务中心的人员主要来自于社会招聘。在这一阶段，Z 镇居家养老服务中心（Z 镇社区助老服务社）的内部管理和外部业务均处于稳定期。Z 镇居家养老服务中心（Z 镇社区助老服务社）的内部管理日趋规范，其组织架构清晰、岗位职责明确、人员晋升有序、管理制度完善且管理流程成熟，但存在服务派工有困难需协调和人员流动很少但难招聘等管理困难。Z 镇居家养老服务中心（Z 镇社区助老服务社）的外部业务因其服务流程清晰、服务标准规范且服务评价满意进而使得其服务能够满足居家老人的服务需求；它对家政市场有拓展尝试，也对服务项目和整体服务有外包情况。其后，

2018 年 Z 镇社区助老服务社转制为 Z 镇居家养老服务中心，Z 镇社区助老服务社人员全部安置到 Z 镇居家养老服务中心，但因刚开始开展在长期护理保险制度下的服务供给工作进而导致外部业务处于新探索期。

表 4-1　Z 镇居家养老服务中心发展路径

	Z 镇社区助老服务社	Z 镇居家养老服务中心
存在时间	2002 年—2017 年	2002 年至今
开展业务时间	2004 年—2017 年	2012 年至今
性质	非正规就业劳动组织	民办非企业单位
政策导向	补供方与补需方	补需方为主
与政府的关系	1）财政扶持	1）政府出资修建场所
	2）政府购买服务	2）政府购买服务
人员来源	"4050" 万人就业	社会招聘

资料来源：课题组根据 Z 镇居家养老服务中心内部资料整理而成。

上海助老服务社内部管理实证分析

课题组选取了最早建立的上海社区助老服务社之一，也是顺利转制成功的民办非企业单位的 Z 镇居家养老服务中心进行实证研究。我们从组织架构、岗位职责、人员晋升、管理制度和管理流程五个方面来考察 Z 镇居家养老服务中心的内部管理情况，具体如下：

5.1 组织架构清晰

Z 镇居家养老服务中心实行理事会领导下的主任负责制。Z 镇居家养老服务中心主任（访谈对象 A1-QHY）是这样介绍自己的具体工作内容的："我是 2013 年做主任的，主要工作包括为老人做评估；制定工作制度，规范管理服务员和片长；与周浦镇智汇家园平台对接，开始有偿服务；访问发现服务中的问题，保障被服务老人的权益；完善服务内容，增加服务项目；招投标做失能老人的照顾项目；以及制作年检报告等。"

Z 镇居家养老服务中心理事会是服务中心运行的决策机构，由 5 人组成，其中 1 人为员工代表。理事会每年召开不少于 2 次的会议，服务中心的重大事项均以举手表决的方式通过，并严格按决议执行。另设有监事会，由 3 名监事组成，并每年召开会议，对中心的业务活动、财务状况等进行监督，发现问题及时指正，提出整改意见[1]。目前，Z 镇居家养老服务中心主任有 1 人，由访谈对象 A1-QHY 担任。办公室主管兼社工兼行政人员 1 人，由访谈对

---

〔1〕 资料来源为《Z 镇居家养老服务中心工作手册》。

象 B2-WXF 担任；出纳 1 人，会计 1 人〔1〕，驾驶员 1 人〔2〕，前台 1 人〔3〕；服务部主任 1 人，由访谈对象 B1-ZY 担任〔4〕，下设服务片长 3 人，分别由访谈对象 B3-WYH、B4-CJP 和 B5-LLP 担任，服务片长下设服务组长，服务组长管理服务员；社工由访谈对象 B2-WXF 兼任；康复组长由访谈对象 B7-LY 担任，其下有康复师 6 人〔5〕。总体而言，Z 镇居家养老服务中心实行理事会领导下的主任负责制，目前有主任 1 人，下设 7 名管理人员（其中办公室 4 人，片长 3 人），200 多名服务人员，职责明确，分工合作〔6〕。

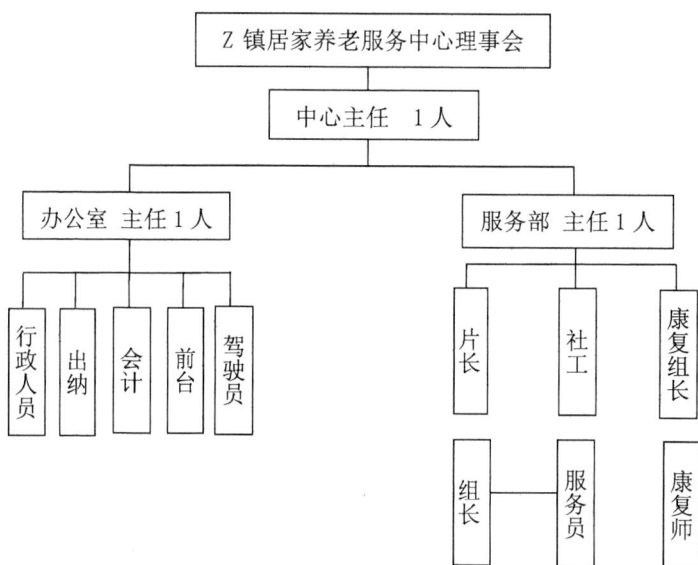

图 5-1 Z 镇居家养老服务中心组织架构

资料来源：Z 镇居家养老服务中心内部资料《Z 镇居家养老服务中心工作手册》。

---

〔1〕 会计是由外聘兼职人员担任。

〔2〕 由于 Z 镇居家养老服务中心在开办社区助老服务社时还有助残服务项目，因此设置了驾驶员岗位。

〔3〕 由于 Z 镇居家养老服务中心同时开办了 Z 镇老吾老日间照护中心，因此日间照护中心的前台也兼 Z 镇居家养老服务中心前台，其编制在日间照护中心。

〔4〕 访谈对象 B2-WXF 也兼任工会主席。访谈对象 B1-ZY 也兼管人事工作。

〔5〕 康复师组长及其管理的康复师共 7 人均属于福寿康居康复护理机构。

〔6〕 资料来源为根据 Z 镇居家养老服务中心内部资料和访谈记录整理而成。

5.2 岗位职责明确

鉴于 Z 镇居家养老服务中心的主营业务是为居家老人提供居家服务，我们主要分析服务部内部的主任、社工、片长、组长、服务员和康复师的岗位职责[1]。根据 Z 镇居家养老服务中心主任（访谈对象 A1-QHY）介绍："首先是服务部，就是收集些信息，做计划的，包括这个老人新进来以后，五天之内我要去给你做计划。做了计划以后，他会给到这个片长。就说，这个人计划好了，你看一下派谁过去，他是要做这些服务。我们现在有 3 个片区，每个片区有很多服务员、康复师和组长，管理各片区的人员是片长。片长很关键的，因为这小块地方我基本上是放权的。"不同工作人员的具体岗位职责如下：

服务部主任岗位职责：在中心主任领导下全面开展服务部工作；负责康复、康乐、护理、社工等全面管理，包括生活照料、保健、康复、社工服务等；负责拟订服务部工作计划并组织实施，及时总结，按时汇报，主动做好各方面协调工作，保证服务部工作的正常运行；监督生活照料程序、服务操作规程的执行，定期抽查，保证服务质量；掌握本部门员工的思想动态，根据个人特点采取不同的管理方式，充分调动员工积极性，开展各项工作；深入了解老人生活、思想和健康状况，采取措施，做好老人生活、思想和保健工作；负责组织本部门的业务学习，督促员工自觉遵守劳动纪律，负责本部门人员业务考核，提出奖惩意见；代表中心与服务员签订协议，并说明有关事项；完成上级交办的其他工作任务。

服务部主任的主要工作内容是全面主持服务部日常工作，主要体现在每周一次的片长例会，然后是一年两次中心会议即全体大会。

（20）15 年至今，我就管服务。我觉得，我们这个工作不能分得太细，纯粹服务上面的工作都是我在操作，报表一块，人员的工资，都是我在做的。一周一次片长例会，每个周五下午都是会开例会的。首先，

---

[1]　资料来源为《Z 镇居家养老服务中心工作手册》。办公室及其下设岗位等，可参考《Z 镇家养老服务中心工作手册》。

他们是反馈一周的工作情况。我呢，就是布置下去一周的工作计划，应该做些什么，然后就是，通过其他人反馈给我的，我也会在例会上跟他们说，然后找原因，看他们怎么去解决。有的时候，内容多的时候，就是工作量比较多，有大的调整的时候，领导也会来参加。然后，一年还有两次中心会议，半年一次，年中一次和年底一次。这种中心会议要开半天，基本上是下午。（访谈 B1-ZY）

社工岗位职责：在服务部主任的领导下，全面负责员工娱乐活动；根据员工特点，制定年度计划，了解掌握员工不同精神文化需求，一切从实际出发，做到日常娱乐活动天天有，常规活动定时有，节日假日照常有；组织开展有益员工身心健康的文娱活动；要以可取性、实际性、实用性出发，在活动中让员工体会到自身价值，同时在员工活动中注意老人安全，积极处理在活动中员工所引起的不必要的矛盾；组织员工建立兴趣小组，并经常开展活动，提高活动质量；针对员工情况，积极组织开展各类兴趣活动，充分发挥员工积极性，由娱乐型向知识型发展；开展兴趣活动竞赛，制定相关规则、日程安排，定时定期地开展各类兴趣活动；同时结合其他部门计划安排，制定相关计划，在各部门的积极配合下落实展开；积极配合中心开展各项活动，对中心下达的各项活动要积极配合，并认真做好组织工作；负责院内活动的宣传布置工作，黑板报审稿工作，活动计划安排等工作；完成上级交办的其他工作任务。

我是办公室的主管，也包括社工，像行政、出纳这些行政工作也做。目前，我还兼工会主席这一块。我在（20）13 年考了社工师，有营养师证书，（20）18 年 3 月考了心理咨询师，证书大概 7 月份出。营养师证书以后可能会用得到，心理咨询师会在个人的沟通技巧上面有一些提升。（访谈 B2-WXF）

片长岗位职责：在服务部主任领导下，开展生活照料、康复、助餐服务等"十助"服务全面工作；负责制定所属片区工作计划，组织实施，并定期进行检查，按时总结汇报；监督服务人员严格执行各项规章制度和技术操作常规，有计划地检查各种服务措施的执行情况，严防差错事故；负责服务人员培训、考核、院内调配，组织思想、业务学习，定期进行业务考核；指导所属片区进行科学管理，分析服务工作情况，并组织互相检查、学习、交流，不断提高服务质量；遇有特殊任务，负责随时调配服务人员；积极组织服务科研项目的选题，补充技术领域中的新概念和技能，开展服务新项目；代表中心与老人或家属签订协议，并说明有关事项；完成上级交办的其他工作任务。

简而言之，片长的主要工作任务是管理组长及其服务员的日常服务工作，并对服务情况进行回访。

> 我这一片，片长会议大约一个季度一次，有需要还要增加，比如说，有任务要来了。我管2个组长，片长与组长经常碰头的，一个月肯定要碰头一次。片长和片长每周有一个例会，服务部长、片长、主任，有需要还要临时开会。片长还要做回访工作的，有空就在外面跑，不在外面跑的话，基本上都到中心，还有开会。（访谈B4-CJP）

> 我下面的服务员有75个左右。我这边3个组长。每个组长下面有20几个服务员。我们基本上是一个月一次组长会议。她们汇报她们的回访情况，遇到的什么情况，一起沟通，一起帮忙解决。基本上每个服务员都是（服务）6个老人左右，服务的老人共500人左右。片长和组长之间一对一交流也有，电话、微信随时有。基本上每周有例会，因为组长工作比较忙，我也不召集，就月底汇报工作。月底我们派工之前，她们会根据她们的工作情况，给我一个解释。解释以后，我再去复核，再去回访一遍，是不是有这种现象，根据派工再调解。片长会议一星期一次，基本上是周五下午，有时候可能会增加。（访谈B5-LLP）

组长岗位职责：在服务部主任领导下，协助片长准备和组织工作；检查和督促工作；老人卫生和生活巡视工作；熟悉了解老人生活、思想和健康情况，采取针对性措施，做好老人生活护理和心理护理；督促老人个案护理计划的执行，定时检查，保证老人生活服务质量；对所在片区老人逐位检查，重点检查重度老人、痴呆老人的需求问题，发现问题要报告主任，取得家属同意后方可执行；认真带领新员工，提出应注意的各种事项和要求，并书写带教报告；配合片长组织服务员业务学习；协助片长组织开展各种有益于老人身心健康的文娱活动；完成上级交办的其他工作任务。

简单来说，组长的主要工作任务是服务居家老人，还要管理其服务员的日常服务工作并对服务情况进行回访。

从（20）17年3月份当了组长以后，就是有了一些管理上的工作了。我负责的那一片，比较大，下面有5~10个服务员呢。工作多了一点点，压力也会多一点。管理也谈不上，就是说跟服务员接触的要多一点，特别是范围大一点的老人，之前，你只需要服务老人，后来相对来说，你下面服务员负责的老人都要去关心一下。我一般都是双休日去走动走动。（访谈B3-WYH[1]）

（那时候当服务员）最主要的工作就是帮老人，反正家政嘛，什么都做的。洗衣服、打扫卫生啊、陪老人看病什么都做的。手头同时服务的老人最少5个，最多的时候是8个。现在当上组长以后，就5个老人，就是说老人方面稍微比原来少一些了。然后就是要做那个管理工作，有时候要去做那个回访啊。当服务员和当组长，我觉得都差不多，就是除了忙一点以外就是感觉差不多。因为当这个嘛，就是回访老人。有的时候就是，服务员还有工作上面什么的，也挺忙的。以前就是服务老人会比较简单一点。现在当组长了，因为加了一些管理工作，会忙一点，事情稍微多一点。还要开会，组长是一个月一次啊，有时候也不一定的。有事微信通知，有时一个星期，有时候两个星期。组长跟片长呢，每周一次。（访谈C1-LZR）

我当组长好像有两三年了，应该三年了吧。具体什么时间我没记清。会做一些（服务）工作以外的工作，就是去回访老人呀，就是抽礼拜六礼拜天，什么时候有空就去回访回访老人。（访谈C2-LYP）

服务员岗位职责：在组长领导下，负责老人的生活照料；严格执行操作程序和技术操作常规，严防差错事故；认真执行规章制度，按时上班，坚守岗位、立足本职、不做私活；端正为老服务思想，做到热心、耐心、周到、不怕麻烦，对待老人如亲人，关心和帮助老人，做到优质服务；督促、帮助老人整理内务，搞好老人个人卫生，做到老人室内安静、清洁，室外干净、整齐；按照护理计划，做好老人生活护理，配合康复工作，掌握老人身心健

---

〔1〕 这是访谈对象B3-WYH回忆其当组长时的主要工作内容。

康情况，防止意外事故发生，发现问题及时向上级领导汇报、处理；服从片长的工作调配，以大局为重，加强工作责任意识，确保老人安全及其他设施安全；做好老人家属及对外接待工作，耐心向老人家属介绍老人的近期情况，取得家属的认可，做到说话礼貌和气，态度热情；严格遵守规章制度；在老人家中服务时，做好环境卫生和防盗、防火、防事故工作；完成上级交办的其他工作任务。

2015 年来到机构，属于"4050"再就业，原来的工厂因为环境污染被迫关闭，就下岗了。养老助理的初级、中级都有，还有医疗护理现在正在读。家政服务的初级也读过了，是（20）15 年读的，（20）16 年读的中级，今年读了医疗。专业培训那些理论和操作技能都可以运用到工作，使我们更加规范化了。现在同时服务六七个老人。一共服务了 10 个老人。包括浴室整洁，卧具清洁，总之就是需要做什么，我们基本做什么，要保质保量地完成。老人需要做饭的，子女不在的，我们也要做的。还有帮助配药，买东西，一起去小区说说话，谈谈心。（访谈 D1-LJF）

2015 年（入职），属于双困人员，居委会推荐加入的。因工厂拆迁，原在单位做流水线工作。在机构两年多了，同时服务五六个老人，评估等级基本是轻度和中度的。轻度的跟他们聊天，帮拿东西。中度的护理多一点，帮忙按摩。周末会有一天参与中心老师专门的居家服务培训，打扫卫生、洗衣服、护理擦浴、配药、买菜做饭等。不同老人进行不同服务，满足其需求。（访谈 D2-HMJ）

2015 年 10 月 1 日加入（机构）开始做服务员，属于"4050"再就业，做了 3 年。（获得的证书有）养老护理员初级，17 年第二批医疗照护证，（还有）家政初级。（工作中遇到的困难）就有的时候在工作当中有很多需求的，就打个比方，跟老人沟通啊，还有擦浴之类注意的事项，都有帮助。（服务的老人有）7 个中度和重度，没有轻度，一个重度纯长护险（长期护理保险），下个月还要多一个长护险。我以前在 WX（地区）做的。4 月 1 日调到 Z（镇）来的。WX（地区）我有轻度的。不是到 Z（镇）么，大都是中度啊、重度的，所以 Z（镇）这里服务员少么，就把我调过来了。我一般乡下嘛。我就换了前面几个，八个换了三个，二三个吧，二十个不满的吧。差不多。反正就 Z（镇）一共差不多 20

个。有的晚上服务的，有的时候嘛5点啊什么，看情况要看活的，说不准的。（访谈 D3-ZGH）

康复师岗位职责：在服务部主任和康复组长领导下，认真执行各项规章制度和技术操作规范，负责制定老人的康复处方、康复计划、康复目标，对新申请老人进行健康评估；按计划对老人进行康复护理，纠正老人体位、卧位；对长期卧床的老人进行关节疏松；指导服务员对老人的正确翻身、体位摆放等操作规范；指导老人进行对症的康复训练；开展心理康复护理，要求熟悉护理型老人的一切情况，常与家属保持沟通；参与为老服务等工作；定期汇报老人康复训练情况；尊重医生的诊治意见，并严格执行，与医生、服务员协同做好老人的康复、护理工作，康复训练时注意老人的安全和生命体征；随时了解老人的思想和生活情况，征求老人对康复护理的意见，有针对性地做好老人的思想工作；指导老人进行康复运动，如：晨间操、太极拳、健身操等，编制有创意的新操教给老人；协助服务员开展老人的康复活动，指导服务员对老人进行康复护理；完成上级交办的其他工作任务。

就是（20）15年居家养老刚有这个项目的时候来的。大专（学历），专业学的就是推拿保健，有高级保健师推拿证和医疗照护证。入行以来服务老人的数量蛮大的，目前手头做的居家这块二三十个是有的，轻度的大概是八至十个人吧，重度的多一点，然后一般就是中度的十几个。属于健康管理，健康管理就是生活自理能力训练。亚健康，饮食这一块，就是保健。上门服务，量量血压，监测血压，然后聊聊，心理治疗。（访谈 D4-LR）

5.3 人员晋升有序

由于 Z 镇居家养老服务中心的主营业务是居家养老服务，因此我们主要考察服务部内部的人员晋升情况。服务部包括了服务部主任 1 人，由访谈对象B1-ZY 担任；下设片长 3 人，分别由访谈对象 B3-WYH、B4-CJP 和 B5-LLP 担任；片长下设组长，例如访谈对象 C1-LZR、C2-LYP、C3-YAH 和 C4-WYJ 等 4 人；组长管理服务员，例如访谈对象 D1-LJF、D2-HMJ 和 D3-ZGH 等。

访谈对象 B3-WYH、B4-CJP 和 B5-LLP 是片长，其中 B3-WYH 是服务员—组长—片长这样一级一级晋升的；而访谈对象 B4-CJP 和 B5-LLP 是服务员—片长这样跨越晋升的。

> 我是（20）05 年 8 月加入的，属于"4050"再就业。我是开始做服务员，然后做了 7 年。我由（20）14 年的 12 月从服务员直接升到片长，没当过组长。我是由服务员一下子转到片长的，片长手里面是没有老人服务的。（访谈 B4-CJP）
>
> 我是（20）12 年七月进来的。我之前是在日资企业里做过，做了 9 年。后来是因为小孩没人接送，那个时候，她读初中（我就来做居家养老服务员）。我 2015 年 9 月当片长的，差不多 3 年。我从（20）15 年 9 月份当了片长以后，基本上不直接参与服务了。（访谈 B5-LLP）

访谈对象 B3-WYH 是这么回忆自己从组长升为片长时候的情况的：

> 2018 年，领导说的时候是 3 月份，然后有个过渡。我手上有老人慢慢放掉，我再慢慢接触片长的工作，不参加一线的工作了，但是，实际上工作量大多了，多到我晚上都睡不着觉。我自身的原因也有，因为之前你也知道，我只管服务好我自己的老人。现在的责任更大了。然后，我现在不是岗位工作新调动嘛，还没有完全适应。有的时候，就是怎么讲，纠结是有一点，特别是到月底派工的时候。你既要把这个老人有服务员上门，不是说服务员上门就完事了，你后面的后续工作做得要到位，老人要满意，对吧。（访谈 B3-WYH）

访谈对象 C1-LZR、C2-LYP、C3-YAH 和 C4-WYJ 等 4 人是从服务员升为组长的。

> 我是（20）18 年 4 月从组员升为组长的。当服务员的时候，大概累计服务了 20 多个老人。现在服务了 6 位，其中 4 位是评估等级为中度，1 位重度，还有 1 位自费长护险（长期护理保险）的轻度老人。当了组长之后，片长会每两个月发一个单子给我。发一个名单，几十个老人的名单。对这些老人我就是去回访，等于就是去关心关心他，服务员都有点啥问题。假

使有变动，或者服务员变动了或者老人变动了，2个月一次更新，组长、片长会重新发一份单子给我，就是这些老人有变动了，那些老人是不变动的。还有就是，微信群里面，有时候片长说了什么的，有时候我就是会提醒他们，什么时候开会，别忘了，或者怎么样。(访谈 C3-YAH)

到老人家那里打扫卫生啊，跟老人聊聊天，洗洗衣服。有的要擦身。有的要做饭的话，就晚上，烧个粥。代配药代买东西也有。组长啊，前年好像，(20)16 年左右。当了组长之后，服务也服务的，还有走访。给我几个老人，给我走访一下。每两个月有一批名单，要走访一下。晚上，有的时候跑跑回访。片长给我周边的人要我去回访，近的。(访谈 C4-WYJ)

根据访谈资料，我们梳理了晋升片长和组长的情况，即服务员—组长—片长（见表 5-1）。访谈对象 B3-WYH、B4-CJP 和 B5-LLP 是片长，其中 B3-WYH 是服务员—组长—片长这样一级一级晋升的；而访谈对象 B4-CJP 和 B5-LLP 是服务员—片长这样跨越晋升的。访谈对象 C1-LZR、C2-LYP、C3-YAH 和 C4-WYJ 等 4 人是组长，但从服务员升为组长的时间长短不一，短则2 年，长的达 11 年。因此，服务员—组长—片长这样的职位晋升的决定因素，不仅是服务员的工作年限，更重要的是服务员的服务和管理能力。

表 5-1　Z 镇居家养老服务中心访谈对象的职位晋升情况

访谈对象	担任服务员起始时间（年）	担任组长起始时间（年）	担任片长起始时间（年）	职位晋升路径
B4-CJP	2005	——	2014	服务员—片长
B5-LLP	2012	——	2015	服务员—片长
B3-WYH	2012	2017	2018	服务员—组长—片长
C1-LZR	2006	2017	——	服务员—组长
C2-LYP	2007	2015	——	服务员—组长
C4-WYJ	2006	2016	——	服务员—组长
C3-YAH	2016	2018	——	服务员—组长

数据来源：根据访谈 B3-WYH、B4-CJP 、B5-LLP、C1-LZR、C2-LYP、C3-YAH 和 C4-WYJ 访谈资料整理而成。

5.4 管理制度完善

Z镇居家养老服务中心制定了考勤制度、考核标准、奖惩条例、员工入职指南、员工福利待遇和员工沟通渠道等管理制度[1]。第一，制定了详细的考勤制度，包括了工作时间、迟到早退、请假、病假、事假、婚假、产假、丧假、旷工、奖励及补贴等；第二，制定了具体的考核标准，如《Z镇居家养老服务中心服务员季度考核执行标准》《Z镇居家养老服务中心××××年×季度考核》和《Z镇居家养老服务中心员工违规通知单》等；第三，制定了严格的奖惩条例，包括奖惩原则、奖励表现及其奖励形式、处罚表现及其处罚形式等；第四，制定了清晰的员工入职指南，包括新员工流程、入职培训和转正流程等；第五，制定了丰富的员工福利待遇，包括正规的工资待遇并交纳社会保险、夏季高温津贴、劳保用品、年度体检、意外险、生病慰问和中心组织的娱乐休闲活动等；第六，制定了多种员工沟通渠道，如意见调查、合理化建议、开门政策、问题申诉和解决程序、座谈会、员工大会、入职培训和其他等。

（机构的发展情况）管理上更正规了，感受不一样。老社长的时候人就开始多了，一开始几十个吧。一开始还没人干，没人要干，后来越来越多了。都是厂，那个倒闭，这个倒闭，一下子人多了。政策多了。也很严格，考核方式也很严格。而且现在管理方面，就是要签到什么的，程序上面越来越多了。最开始时候是敲章，后来是要到老人那里签到，现在是手机上。但是眼睛不行了，这样的大字看得出的，这个小字根本看不出。（访谈C4-WYJ）

比如考核，以前是领导打分。现在我们在平台上面发了一个通知，然后让大家通过自荐文字的方式，来自我推荐。一年工作里面表现好的，你写一篇文章，说一下自己一年的工作经历，或者自己表现好的地方。我们就评了"十佳优秀服务员"，还有就是"优秀护理组长"，"优秀片长"，都是通过他们自荐的方式。我们都是公开的，因为我们人多，我们

---

〔1〕　资料来源为根据Z镇居家养老服务中心内部资料整理而成。

分成两个片，就西片跟东片，两个片进行的。然后，唱票员，记票员，都是村（居）委里面选的。（访谈B1-ZY）

5.5 管理流程成熟

目前，Z镇居家养老服务中心的管理流程[1]日趋成熟（见图5-2）：日常管理包括每日居家养老服务或长期护理保险服务[2]工作情况，参加的管理人员包括组长和片长；另外还有每周片长例会，参加的管理人员包括主任和片长。月度管理包括每月组长会议、本月服务总结和下月派工计划等，参加的管理人员包括组长、片长和主任。季度管理包括每季片长会议、本季服务总结和本季服务考核等，参加的管理人员包括组长、片长和主任。年度管理包括半年度中心会议，参加的管理人员包括服务员、组长、片长、主任、社工和中心主任等全体成员。

管理内容	管理频次及内容	管理人员
日常管理	每周片长例会 居家养老服务或 长期护理保险服务	片长、主任 组长、片长 组长
月度管理	每月组长会议 本月服务总结 下月派工计划	组长、片长 组长、片长、主任 组长、片长、主任
季度管理	每季片长会议 本季服务总结 本季服务考核	组长、片长 组长、片长 片长、主任
年度管理	半年度中心会议 中心事务	全体成员

图5-2　Z镇居家养老服务中心管理流程

资料来源：根据Z镇居家养老服务中心内部资料和访谈资料整理而成。

---

〔1〕 资料来源为根据Z镇居家养老服务中心内部资料整理而成。
〔2〕 2018年4月前Z镇居家养老服务中心的主营业务是居家养老服务，2018年4月开始其主营业务是长期护理保险服务。

5.6 队伍凝聚力强

课题组通过考察被访对象在机构中与其他人员的工作关系，发现从主任到片长到服务员这些人员对机构的认同度较高，他们在工作中互相学习、共同成长，因此相互关系十分和谐。

　　最初进来的时候，是我们现在的领导，我就基本上什么都是跟他学的，基本是他一手把我带出来的。慢慢的就是有片长嘛，是两个片长。因为他们岁数就是可以做我的父辈这样，岁数就蛮大的，所以他们都比较照顾我，也是比较教我的。（现在）像同事之类的，关系更好啦。（访谈 B2-WXF）

　　就朋友，我不觉得是上下级的关系。我觉得，我们单位的氛围还是蛮好的，我们都以姐姐妹妹来称呼的。所以说，朋友也好，姐妹也好，我们好像是一家人一样。特别是有什么困难的时候，我们都会一起帮忙的。（访谈 B4-WYH）

　　（机构中与其他人员的工作关系）平时接触比较少，因为你做你家的，我做我家的。大家就是接触的不多的。碰到开大会或者是片长的会议，大家交流得也是蛮热烈的，因为都是有时候通过培训啊、学习啊，认识的朋友，那么大家一回生两回熟的。也是交流交流大家觉得生活中、工作中碰到的问题啊，或者是工作中的有经验的地方。大家一起分享的也比较多。同事之间的关系蛮融洽的。（访谈 C2-LYP）

　　组员啊、片长啊，还有我们上面的这些服务部主任啊，这些还有整个的中心主任啊，关系都蛮好的。他们蛮关心的呀，关心我们，路上小心。如果天下雨的话，他会发微信的，有没有带雨衣。工会搞活动，跳跳舞。（访谈 C4-WYJ）

对于机构如此稳定发展，多数被访对象归结为领导有方、政策扶持和众人心齐服务老人。

　　一个，我们领导，我觉得他的思想观念比较鲜明。然后，我们服务员的资质，各方面都是比较高的。我们每年都有教育培训，还有各类的资质培训。到现在虽然说，有的服务员等于说，三证都有了。这一次培训下来，我们都有了。还有，我觉得，我们管理人员的心态比较积极向上。不是说，过一天算一天的那种。（访谈 B1-ZY）

我们社长对老人也好，对护理员也好，都是很关心的。比如说，你有什么事情，去跟他说，他会很体恤你的。他对老人也是很关心的。夏天的时候，很热，高温，社长会带着一瓶盐汽水，过来给你慰问，你说，多感动啊。然后是政策。现在政策改变了，对老人什么的，都是很关心，很到位的。像我现在一直在回访，老人们会说，谢谢你们领导，来看看我们。然后，还有谢谢政府，政府把这个大家庭、老人都关心得很到位的，都这么说。（访谈 B4-WYH）

从（20）05 年到现在，我觉得我们中心伙伴、姐妹们，大家的关系很好，工作很顺利。我做服务员的时候，做过一次子宫内膜增厚方面的手术，很小的，我没有休息。那个星期他们也照顾我，我活干得不多。从（20）05 年开始，是最困难的。现在，老人们基本上都晓得我们这个机构，家属也知道我们机构的好处，基本上都蛮配合的。投诉的，基本上没有。投诉的，也不算真正的投诉，回访的时候，他们有点小问题提出来，来问问我们。从（20）05 年到现在，一直发展都很持续，第一任社长退休后，秦老师是第二任，她现在也很年轻的，我相信以后也会做得很久很久。最主要的原因，第一方面就是靠领导，领导带头带得好，就像教育小孩子一样，要教育有方的。我们这些领导，第一任，第二任，都蛮好的。真的，他一方面工作要做好，还有服务员他们当自己姐妹一样看待。还有，除了领导之外，也要靠政府的支持，对吧。像我刚才讲过了，10% 我们镇上帮老人付掉了，要是让他们自己付，他们要想想的，舍不得的。所以，要各方面的，还要社会支持。还有像你们过来摸摸情况，都是社会关心呀。这几年，老人享受的服务越来越多，这个也是社会的认可。还有，我们的规章制度，也是慢慢地完善的。比如，电子签到啊，考核制度啊，我们的考核制度蛮严格的。（访谈 B5-CJP）

（居家养老机构能够持续发展）这个问题有点宽泛有点大的嘛，归根结底还是要用心服务，才可以持续发展下去。（访谈 C3-YAH）

5.7 本章小结

　　在整理分析 Z 镇居家养老服务中心的文件资料和对其管理人员及服务人员进行个人访谈的基础上，我们具体分析了 Z 镇居家养老服务中心的内部管理状况，发现其组织架构清晰、岗位职责明确、人员晋升有序、管理制度完善、管理流程成熟和队伍凝聚力强，这为 Z 镇居家养老服务中心在长期护理保险制度的新形势下继续追求自身生存和持续发展奠定了坚实的管理基础。

上海助老服务社外部业务实证分析

课题组选取了最早建立的上海社区助老服务社之一、也是顺利转制成功的民办非企业单位的 Z 镇居家养老服务中心进行实证研究。我们从服务需求、市场拓展和服务外包三个方面来考察 Z 镇居家养老服务中心的外部业务情况，具体如下：

6.1 服务满足需求

我们从服务流程、服务标准和服务评价三方面来分析 Z 镇居家养老服务中心为居家老人提供的居家服务情况。

6.1.1 服务流程清晰

Z 镇居家养老服务中心为居家老人提供居家服务的主要服务流程如下：第一，建立专业服务关系。（1）接受符合政策的服务对象。进行老年人统一需求评估，筛选出符合政策条件的服务对象。（2）向服务对象讲解居家养老服务项目，并与老人沟通签订服务协议。第二，上门服务。（1）上门服务前的准备，包括对服务对象基本状况有较深入的了解，与服务对象确认服务时间，了解服务对象需求，确定每次服务的内容，确定上门服务人员，服务人员准备上门服务所需实际物资。（2）上门服务的过程。等待服务对象或其家人开门后，做自我介绍并说明来意。进门开展服务时，要注意与服务对象确认服务内容，并观察服务对象家庭状况；开展服务时需保持良好的服务态度；服务人员严格按照服务标准开展相应服务；现场与服务对象进行沟通，了解服务对象对本次服务的满意度并对服务的不足之处提出意见与建议。（3）上门服务的结束。征求服务对象的同意，在相关服务确认表上签字确定服务；服务人员离开前请求服务对象检查相关财物。第三，服务评估。服务对象、服务人员及机构人员对服务进行评估，改进服务，以保证下一次的服务质量。第四，服务跟进，电话反馈并约定下次服务时间[1]。

6.1.2 服务标准规范

Z镇居家养老服务中心制定了十大服务标准：（1）服务人员在工作时间一律佩戴工作证，穿着机构统一的工作服装。接到服务指令后，在规定时间内提前五分钟到达。（2）在与服务对象及其家人交流时应保持微笑，使用敬语。（3）服务人员应遵守保密原则，对服务对象的隐私保密。（4）服务人员不得接受服务对象及其家人任何形式的馈赠。（5）服务人员在进行上门服务的过程中，不得做与服务内容无关的事。（6）服务人员在服务时间内，要做好自身安全防范措施，同时不给服务对象家里留下安全隐患。（7）在当次服务内容完成后应告知服务对象本次服务结束，并陪同服务对象或其家人环顾服务对象家中，确认财物，避免产生纠纷。（8）应该在服务对象有监护人陪同的情况下开展服务。（9）服务结束后，要主动征求服务对象的意见，现场真实填写服务表的相关内容，并邀请服务对象在上面签名确认。（10）服务人员完工后，整理好自己的东西，向服务对象微笑道别，并帮助服务对象关好门[2]。

6.1.3 服务评价满意

我们从居家养老服务员和服务对象即居家老人两个方面来考察服务评价的情况：

（1）服务员爱岗敬业

服务员为居家老人提供或协助提供生活护理、助餐、助浴、助洁、洗涤、助行、代办、康复辅助、相谈、助医等“十助”服务。服务员们都积极学习相关专业知识，持证上岗。

---

〔1〕 资料来源为《Z镇居家养老服务中心工作手册》。
〔2〕 资料来源为《Z镇居家养老服务中心工作手册》。

　　我好像是 2006 年考居家养老护理员的证书的（初级），中级是 2011 年考的。医护证我是 2016 年考的，是第一批。2017 年开始的长护险（长期护理保险），我是第一批进去的。家政的那个证，我背不出来的，也是前几年考的，和初级那个证差不多的，2006 年左右。只要有证考，我就考。我不会落到第二批的，我都是第一批考的。（访谈 B4-CJP）

服务员运用专业知识针对不同自理程度和性格的老人，在提供居家服务时要根据不同的特征来服务老人。

　　老人提出的问题，我们也有不能达到的，比如说，一起去看个病，这个要求我们是不能达到的。因为陪医这个时间长，我们同时服务六七个人，时间上不行。我们只能和老人沟通，和老人的子女沟通，让他们找一个合适的时间，陪老人出去，我们要跟他们解释，我们是不可能的。另外，老人让擦脚、修剪指甲什么的我们都是要学的，还有的有糖尿病什么的。在很多方面，服务老人都要很细心，各方面都要看，他的皮肤怎么样了，先要观察，才可以做。我们观察得很仔细，老人今天情绪有什么变化，不开心了，都要开导，想方设法会让老人开心，烦恼都要化解掉。也有那种要求比较高比较难的老人，有的人住了以后不满意。一般像这种，在准备去老人家前，都要规划好，头脑清楚。（访谈 D1-LJF）

　　从 2015 年到现在，基本上做的是轻度和中度（老人）的。轻度和中度的老人，他们的需求不太一样。轻度他们喜欢（我们）跟他们聊聊天，因为自己动手能力还可以，有的（老人）爬高爬低的。我们（见到老人）年纪大了，也要保守起见，爬上爬下的，他们想帮我们搞一搞、拿东西，有的够不到，都是我们去，所以这是我们帮忙的。中度的各方面（不一样）。中度的护理方面会稍微多一点。有的时候要跟他讲我们学到的知识。要跟他讲，你哪边不舒服，你腿受寒了嘛，我说你应该要拍拍脚，要按摩按摩。经络通了，晚上睡得好。你这个脚半边，晚上睡觉不能赤脚，要穿袜子。我说你要保护一边，他说对啊。有的时候跟他们讲了，他们就知道了。有的他们不知道，只知道我们穿的裤子。这个要受伤的，要重点保护。你晚上睡得好觉，是不一样的，晚上要疼的。我说你没事的时候看看电视，你手脚要动的，拍拍腿，两边都是有穴位的。

你手掌也有穴位，拍拍也可以。你没事的（时候）搓搓手，拍拍手，都是活动经络，那是有穴位的，都是好的。你没事就拍拍腿，你不好的地方都拍拍。保暖工作也要做好，还有饮食方面，我一直强调的。饮食要烧熟烧透。烧的熟透一点，隔夜的尽量不要吃。舍不得扔的，我说你不吃了，你放在冰箱里，拿出来一定要热热再吃。因为这个待会儿出来，吃了拉肚子反而不好。素菜一般帮他们烧的少一点，因为他们年纪大了，都是经历过苦的，他们很节约的，这些我们要向他们学习。你真的看不下去，有的像我去的，他们工资也可以，讲起来也很好的，可是真的很节约。他的子女有的时候东西不要了，叫我，××你过去的时候帮我妈妈搞搞。我说要经过她（老人）同意，他说有的时候你跟她讲，你们讲的话有的时候（管用），我说是的，对，所以她女儿说，你跟我妈妈讲，你有的时候帮她处理掉一点。我说，也要看她的心情，你有的时候瞎处理，她不高兴的。所以有的时候要掌握好老人的性格，要保留一点的。（访谈 D2-HMJ）

服务员在为老人服务的过程中，吃苦耐劳，克服重重困难。例如访谈对象 D3-ZGH 是工作仅 3 年的服务员，她是这么描述服务员工作和心路历程的：

像有一次就有一个有老人痴呆嘛，明明我做的好了，他又要挑你。就有的时候，他吐了一地，拉屎拉在裤子里，他就不跟你讲，就把裤子一起放在水里，我就洗的时候又不知道。有的时候吐在被子上，枕头上都有，那我还要给他弄。大小便失禁也有的，我给他在擦浴的过程中就拉啊。有的时候嘛，给他洗屁股的时候，他就搞那个屎啊出来。他自己没办法控制的啊。六月要开始给男老人擦浴喂饭的，重度五级的，他完全不能自理的。我想男老人我也没给他们洗过澡，不知道会不会他介意我，我也介意他，我也不知道，因为没做过嘛。不过一开始我是挺介意这个工作的，因为我感觉嘛，岁数嘛轻一点的，我好像感觉有点怪怪的。后来做的时间长了，做了一两个月了就觉得习惯了，就不觉得了。我也不知道，我反正一开始就是有点反感的。大概我喜欢这份工作，还有我也不知道怎么搞的，反正就是慢慢地适应了。也没什么考虑的，第一天上班就感觉心里有点怪怪的，后来做了一个星期下来慢慢熟练了，也感觉不到什么了。（访谈 D3-ZGH）

康复师因提供上门服务，还会遇到语言方面等问题：

> 有些老人他们不是行动不便嘛，上门进那个门就是第一个问题，有时候他们耳背听不到门铃，或者他行动缓慢，在给我们开门的过程中如果摔倒了什么的，这也挺麻烦的。后来我们就采取跟子女约好上门时间，有的子女感觉信得过的，他们会配个备用钥匙给我们，还有的就是邻居给代开。有时候我们跟老人在沟通过程中，像我是外地的，上海本地话只会简单的，刚开始来的时候我是什么都听不懂的。后来慢慢地，我就下载那种上海本地的小视频，他们在说的过程中底下会出现那个字幕，然后慢慢地我能听懂他们说的意思，好很多。（访谈 D4-LR）

有的服务员在工作中还遇到过老人家属不配合工作的困难：

> 在服务老人方面，我没有碰到像这种很刁难很刁难的人，就是以前照顾了一个离休干部，这个老人倒蛮好的，但是他们家里人（子女）很难相处，他们只规定了两个小时，但是我要给他们全家人烧饭。烧了好几年，他们也感觉我做得蛮好，后来我被调去别的人家了。（访谈 C2-LYP）

工作达 12 年的组长 C1-LZR 是这么描述工作中遇到的困难的：

> 有些老人要求比较高，智障老人困难比较多。老人还可以，主要是家属问题还蛮多的，要求蛮高的。干净呀、时间呀、还有工作什么做的不到位，家属都会说的。有的家属要求帮他做事情最好，少接触老人，打扫卫生、洗衣服、烧饭啊，最好你各方面都帮他。以前不是一个小时的时候，家属会要求，打个比方说，40 个小时，他可以一个星期去半个小时，有的人他不需要你天天来，他可以放在一个星期两次、三次，有的时候两个小时，三个小时这样子，这样时间可以长一点，他就要求你做很多事。因为我们是服务老人的，不是针对家属的服务，就会拒绝他，然后他就不开心了，再去做事就会刁难你。而且这样老人也会不开心，因为觉得这些事情应该帮他做，可是老人不敢说，因为怕他的小孩。碰到这种只能慢慢和他说。他们以为我们和外面的保姆是一样的，什么都

做。有时（跟他们说）服务标准和合同，他们会说合同归合同，你反正就三个小时，就做我叫你做的。和他们讲说我们都是按照规章制度办事，他们不讲道理的，认为大家都不说出去，上面不会知道的。后面日子久了，上面也会抽查，回访率也蛮高的，就好一点。现在有的其他问题就是，有的子女意思就是说政府给我享受的，就是我不需要你们，你们可以给我钱。但是问题是到了我们机构这里，我们机构是单独和政府核算的，我们这个和钱没有关系。我这样和他们说，后面也只能接受了。（访谈 C1-LZR）

虽然服务员工资待遇不算高、工作时间也相对较长，但大家认为工作相对稳定、不会失业，对工资待遇也满意，因此人员流动较少。

我觉得以后社会是老龄化了，现在你也知道，国家对老人各方面的福利待遇啊，政策啊，都是很照顾的。我选择了这一行，就是考虑了这个。我想这一行至少不会失业。（访谈 B3-WYH）

大家对工作的薪水满意的。虽然跟公司或者工厂比还是要低一点，但我们只能和外面的保洁或者最低工资（三千左右）比，我们比他们高。其实我们这个也蛮辛苦的，从早上，有的六点钟也出去了。有的老人早晨要弄他起来什么的，晨间护理。有的时候做得晚的话，五点钟回家。因此一般都要八个小时左右，八个多小时，然后还有路上时间。（因此）基本上他们（服务员）也没有流动，也没有走，他们比较看重工作的原因，一个是觉得自己年龄比较大了，换个工作也不容易吧。在外面找也最多是最低工资，在我们这做嘛怎么也比最低工资要高一点，只要你辛苦做。在外面找工作，相对来说不会比较稳定。基本上进了我这个单位，就是办退出去很少。（访谈 C1-LZR）

自己年龄大了，做一行爱一行，时间长了，感觉老人也就像自己的爸妈一样，有感情。对自己的老人，对身边的都更加体贴了，在培训中心也可以学到很多，对自己的家庭各方面带来不一样，像测量血压、脉搏，他们做不了的，我们可以帮忙一起。（访谈 D1-LJF）

这些服务员都很肯定自己的服务工作，并认为服务工作给他们带来了很多愉悦的收获。

（居家养老服务工作的收获）其实，说白了，就像领导说的那种不忘初心吧。现在觉得老龄社会了，自己将来也会老，对吧。现在等于善待了别人，我也能知道我要善待父母，还有一个，我也在另一方面教育了子女。老妈是服务老人的，但是这个行业也不丢脸，对吧。去年，我参加了一个活动，得到了上海市的最美护理员的奖。（访谈 B3-WYH）

收获也蛮多的，老人每次去都很开心的，当自己小孩一样的，觉得自己还有一种成就感的。因为给他们带来了很多快乐，也帮助他们做了很多事情。老人说哎呀你就像我们的小孩呀，每次看老人开开心心说谢谢你啊，谢谢你们政府，谢谢你们给我们带来了那么多的快乐，像我们的小孩一样每天来看我们，那我就觉得给老人带来快乐我们也很开心啊，还认识了很多人，有些人做的时间长就像自己的家人一样，很多像亲人一样的。（访谈 C1-LZR）

我感觉这份工作收获最大感觉就是要有耐心。我感觉以前我脾气暴躁一点，现在好像跟老人接触了，感觉脾气顺了点了。以前很急的，动不动就发火的感觉。现在感觉跟老人沟通的时间就是快乐的时间。（访谈 D3-ZGH）

（2）服务对象满意服务

Z 镇居家养老服务中心的片长和组长都会定期对服务对象即居家老人进行回访，均发现服务对象很满意服务员提供的居家服务。

访谈对象 B6- FJB 是 Z 镇居家养老服务中心的第一位男性服务员，他谈到有的老人最开始不太接受男性服务员，但后来开始转变，也接受了男性服务员的居家服务。

（服务对象）一般爷爷少，基本上都是女的，都是老太太。他们都说好奇怪哦，那个男同志进来了。我去换洗衣服，"老妈妈，今天衣服有没有？""弟弟，今天衣服没有。"然后我回到家里，我自己就想，她们为什么都不给我洗？不知道。我自己也矛盾。这个嘛肯定要跟老人沟通好，要关心她们。沟通好，要耐心去帮助她，然后慢慢去习惯。"老妈妈你放心吧，你把衣服放在这里，我每天过来知道的。"里面的衣服（她们）不好意思的。然后我说："不要紧的。"她就说："你帮我把这个洗好了就好了。"我说："老妈妈，洗好了。"她说："弟弟啊，你服务地不错的。"我洗衣服洗好了、洗干净了，帮她晒。衣服要拉拉开，再晒上去。然后洗好了，我说："老妈妈，我帮你打扫卫生哦。"台子上，桌子上。她后来慢慢、慢慢习惯了，慢慢接受。（访谈 B6-FJB）

访谈对象 C1-LZR 谈到了居家老人对服务的评价情况：

（20）06 年当服务员的时候，还很多人不知道我们，那个时候叫（社区）助老服务社。现在大家都知道了居家养老。这个影响力蛮大的蛮好的，都说政府很好。就每次去那里回访的时候，老人会说："感谢政府，政府真好，就是免费给我们服务，政府对我们老人真关爱啊。"他们明白就是政府派来给我们免费服务。他们就说："你们关心我们，特别好，就像我们的子女一样的，子女不可能每天来看，你们每天来看我们，政府真好。"（访谈 C1-LZR）

正如访谈对象 B2-WXF 总结的：

对于我们这个需求还是有需要的，就是有很多老人，社会上这种家政公司也很多的，但是他们就是不放心呀，就是一定要政府的。他们觉得，因为这个是政府办的，可靠，就是有信任度，比较安全。我们是民办非企业，但是我们都是政府管理的。（访谈 B2-WXF）

（3）外部评价较高

Z 镇居家养老服务中心管理规范，积极参加上海市民办非企业单位规范化建设评估，并于 2014 年成功申报《创建民办非企业单位规范化建设 AA级》认证、2016 年成功申报《创建民办非企业单位规范化建设 AAA 级》认证，成为较规范的民办非企业单位。Z 镇居家养老服务中心在浦东新区的老龄工作中表现突出，于 2008 年获得南汇区[1]居家养老服务知识竞赛二等奖、2011 年获得浦东新区创建"全国老年友好城市"先进单位和浦东新区 Z 镇"慈善公益联合捐"优秀组织奖、2012 年获得浦东新区 Z 镇"十佳"老龄工

---

〔1〕　南汇区是上海市已撤销的市辖区，于 2009 年 8 月 9 日零时正式划归浦东新区。

作先进集体[1]。Z镇居家养老服务中心主任（访谈对象 A1-QHY）获得2009年度南汇区街镇居家养老评估员比赛三等奖，2013年参加浦东新区养老服务行业协会组织的居家养老主任资质培训，并荣获2013年浦东新区服务离休干部优秀志愿者荣誉称号，在养老服务行业中具有较高的影响力[2]。

6.2 市场拓展尝试

Z镇居家养老服务中心曾于2014年开始尝试拓展居家养老服务市场，携手智汇家园平台推出针对60周岁及以上居家老人的有偿家政服务，包括洗衣、打扫、做饭等。后来由于业务量太小而暂停了服务。

> 我们Z镇有个智汇家园平台，是镇里面的一个实事项目。就打一个电话，比如说我要家政服务，然后他们就会有很多的合作方，我们也是他们的一个合作对象。他们平台上当时跟我对接了一下，他说那个养老这一块，家政服务需求还是蛮大的。当时其实我的人员（服务员）还是有多余的。我们（20）14年的时候就已经215个服务员了。那个时候，我跟他们说，我觉得可以的。我说只要你们街道60岁以上的那些老人，有家政需要的，而且没有政策的、没有政策补贴的，就全部转介到我们这里来。所以那个时候，我们就做了一个有偿的服务。因为有些服务员可能会在周末或者是那种稍微自由一点的时间来，然后她额外的这个工作，她自己可以再多赚点收入。(20)14年做了呢就零零散散的，但是他（智汇家园平台）这个量，是越来越少。他（智汇家园平台）的量少到什么程度，就是到最后，就是说人家接下来不行的情况下再让我们去帮他（智汇家园平台）把这个事情做干净。他（智汇家园平台）就是找了市场上的其他家政公司。然后呢，做得不好呢，老人是知道的，以为是我们这个牌子出去的。然后他（智汇家园平台）呢是利用我们这个牌子让其他家政公司出去。其他家政公司都是外地的，我们这里全都是本地人。然后出问题了，（老人）打电话投诉到我们这里。所以后来我跟他们

---

[1] 资料来源为《Z镇居家养老服务中心创建规范化建设"AA"自查报告（2014年版）》。
[2] 资料来源为根据Z镇居家养老服务中心内部资料整理而成。

（智汇家园平台）主任说再这样下去，我就不做了。我们现在自己这边也做不过来。（访谈 A1-QHY）

2016 年 7 月，Z 镇居家养老服务中心又恢复了与智汇家园平台的合作。

后来（2016 年）又重新恢复了一段时间。我专门让一个人去管理这些人。就是自费的啊，有偿服务，专门有一个人去做，做到后来他说，哎呀，人越来越多了，我派不过来了怎么办。（访谈 A1-QHY）

2016 年 7 月到 12 月，Z 镇居家养老服务中心通过智汇家园平台共接了 27 个订单，其中纯家政服务订单 6 个，既有家政又有护理老人的订单 6 个，代办订单 4 个，上门理发订单 6 个，康复订单 4 个，住家保姆订单 1 个。其中，这些服务对象中年龄最小的 64 周岁，年龄最大的 90 周岁[1]。

6.3 服务外包探索

Z 镇居家养老服务中心服务外包主要体现在两个方面，一是从 2015 年 4 月开始将居家服务中的康复项目外包给福寿康居家康复护理机构，二是从 2017 年 7 月开始委托第三方机构代理为部分老人提供居家养老服务。

6.3.1 服务项目外包

2015 年 4 月开始，Z 镇居家养老服务中心开展了医疗康复项目，该项目是 Z 镇居家养老服务中心委托福寿康居家康复护理机构向服务对象提供的新增服务项目。可以享受每月 4 次医疗康复服务从原先评估等级为重度的老人拓展到中度等级的老人，从 2015 年 12 月的 1365 人次增加到 2016 年 12 月的 1800 余人次[2]。

康复小组负责人访谈对象 B7-LY 这么回忆他们 2015 年开始入驻 Z 镇居家养老服务中心和其后医疗康复服务项目增长情况：

---

〔1〕 资料来源为《2016 年 Z 镇居家养老服务中心工作总结》。
〔2〕 资料来源为《2015 年 Z 镇居家养老服务中心工作总结》和《2016 年 Z 镇居家养老服务中心工作总结》。

康复师这块是这样的，首先他们（Z镇居家养老服务中心）的采购量也小，我们肯定（开始）是3个人嘛。再加上老百姓通过口碑，因为老人会比的嘛，为什么他有我没有，随着年龄的增长他们这个达标的人越来越多。这个需求在逐步地释放。后来就是7个人啦。我是这个项目的组长，主要做评估和管理团队，6个人做上门服务。（访谈B7-LY）

并且对康复小组的实际运作和人员编制做了具体的解释：

我们不属于中心编制，但是在实际运营当中呢，可能我们更多的是归属于中心这边管理。单位与单位结算后再发给大家工资，就是中心这边就是购买福寿康有关这个健康康复医疗服务。管理方面，我们是双重管理，就是说。我们入驻这个地方了，肯定以这个地方的整体管理为主。（访谈B7-LY）

6.3.2 整体服务外包

2017年7月中心面向社会公开征选出两家第三方服务机构以承接Z镇居家养老服务中心的居家养老服务项目，采用购买服务的方式委托其为部分老人提供居家养老服务。累计至2017年末，第三方机构服务老人共计641人次；Z镇居家养老服务中心在服务质量、服务内容、服务时间等方面对其进行监督，通过季度考核和年度考核全面考核其服务能力，并通过回访发现其服务的老人及其家属对服务普遍反映良好[1]。

根据访谈，我们发现Z镇居家养老服务中心外包给第三方服务机构的居家服务对象相对来说是评估等级轻度的老人，所需要的服务偏家政服务类型，护理服务相对较少。另外，第三方机构中的服务员都是Z镇居家养老服务中心退休的服务员，因此这些服务员都是专业技能相对娴熟的专业人员，在专业培训和服务流程方面都有了一定的经验。从上述两方面来说，这样就可以确保Z镇居家养老服务中心和第三方机构就居家服务质量方面达成一致，也使得Z镇居家养老服务中心的外包服务可以成功推行。

---

[1] 资料来源为《2017年Z镇居家养老服务中心工作总结》。

我们 WX 地区服务员有 6 个，老人 25 个左右吧。我们对这些服务员服务的老人都会去回访，也会对服务员进行培训的。交给他们的服务对象都是轻度的，就是相对来说，护理这一块比较少，基本上没有，涉及的都是家政服务。这些（服务员）都是我们退休（55 岁）的，我们要是没有返聘会推荐到第三方机构，他们都是工作能力比较强的。（访谈 B5-LLP）

6.4 本章小结

在整理分析 Z 镇居家养老服务中心的文件资料和对其管理人员及服务人员进行个人访谈的基础上，我们进一步考察了 Z 镇居家养老服务中心的外部业务状况，发现其服务流程清晰、服务标准规范且服务评价满意，因此其服务能够满足需求；其对家政市场有拓展尝试，也对服务项目和整体服务有外包情况，在长期护理保险制度的新形势下，这也 Z 镇居家养老服务中心继续追求自身生存和持续发展奠定了坚实的业务基础。

上海助老服务社发展困境实证分析

课题组选取了最早建立的上海社区助老服务社之一、也是顺利转制成功的民办非企业单位的 Z 镇居家养老服务中心进行实证研究。首先回顾了 Z 镇居家养老服务中心的发展情况，并将其发展分为三个阶段：发展初期，内部管理和外部业务处于摸索期；发展中期，内部管理和外部业务均处于稳定期；发展新时期，成功转型但外部业务处于新探索期。接着，从机构内部管理和外部业务两方面具体分析 Z 镇居家养老服务中心的运行情况，考察其可持续发展能力。

7.1 服务存在困境

Z 镇居家养老服务中心服务困境主要体现在两个方面，一是长期护理保险制度需与居家养老服务紧密衔接，二是外包医疗康复服务项目存在可持续发展风险。

7.1.1 长期护理保险制度需与居家养老服务紧密衔接

由于上海 2018 年 1 月开始在全市范围内开展长期护理保险试点工作，Z 镇居家养老服务中心于 2018 年 4 月正式开始开展长期护理保险业务。由于长期护理保险和居家养老服务在服务内容和服务时间上有一定的差距，再加上服务对象的扩大，新开展的长期护理保险制度需要与以前开展多年的居家养老服务紧密衔接。在这种新情况下，Z 镇居家养老服务中心开始探索在长期护理保险制度下的服务供给工作。

首先，提前做好长期护理保险对服务员的资质要求。在开展居家养老服务阶段，Z 镇居家养老服务中心就要求服务员首先要获得养老护理员上岗证才可以上岗，然后逐步取得养老护理员初级证书、养老护理员中级证书和健康照护证书等[1]。当上海市在 2016 年开始推行养老护理员（医疗照护）初级证书时，Z 镇居家养老服务中心就组织其服务员参加考试，并于 2017 年获得上海市第一批养老护理员（医疗照护）初级证书，其后继续组织服务员参加考试并分批获得养老护理员（医疗照护）初级证书[2]。2017 年末，Z 镇居家养老服务中心持有养老护理员初级证 163 人，养老护理员中级证 76 人，医疗照护初级证 67 人[3]。

其次，积极培训服务员从居家养老服务"十助"项目转向长期护理保险制度 42 项服务项目中的 27 项基本生活照料项目，并将工作时间从一周五天延长到一周七天。

（居家养老服务转入长期护理保险的变化）首先，服务员的工作时间变了，有的之前周末双休的，现在不双休了。其次，我们把轻度老人的家政服务，转给了第三方去做。再次，也有这种性别的问题，如果是男性老人，他是需要洗澡的，一定要跟家属说一下。第一，洗澡的私密部位由家属来做；第二，家属肯定要在场。这两个条件你必须要满足，我们才答应给你洗澡。这个需要服务员克服，也需要片长计划好。（访谈 A1-QHY）

真正的长护险（长期护理保险）是从（20）18 年 1 月 1 号开始的。但是不是所有的居家中心都敢做。因为我们领导，她外面听的比较多，什么事情，她都喜欢尝试一下。首先是，我们管理层开过一次会，我们自己要知道，原来的民政的，还有现在的长护险的，肯定我们自己要明确。长护险的该做什么，民政的该做什么。然后，如果老人反映，或者家属反映，我需要这个，不需要那个，我们在不能同时满足时，要做好解释工作。所以在（20）17 年底的时候，我们就发了一个告知书。之前拟了一个告知书，没有正式发下去。长护险出来以后，才发了那个告知书。有好几个，原来民政上面，他不用刷医保的。只看你的经济状况，

---

〔1〕　根据访谈 A1-QHY 访谈资料整理而成。
〔2〕　根据访谈 A1-QHY 访谈资料整理而成。
〔3〕　资料来源为《2017 年 Z 镇居家养老服务中心工作总结》。

看你的年龄，看你的等级。然后，长护险必须要符合它的参保对象，必须在这边承保的、居保的，就这两类人嘛。然后他们好几个，我们大概有5、6个，是支内回沪的，他没有上海的医保。是不能享受长护险的。然后，就是筛选好以后，我们就让他们到窗口重新走流程。现在，他们就是单独列一类。（访谈 B1-ZY）

长护险跟我们以前的居家养老服务是不太一样，就是工作内容方面，扫地啊、拖地啊，等于像家政服务员的那一块比较多，注重老人精神生活方面的相对少一点。还有擦澡、洗脚、剪剪脚趾甲呀什么，都有点不一样。现在这个长护险是侧重于护理会多一些，以前居家是侧重于生活照料。（访谈 C3-YAH）

我们以前双休日是不上班的，现在每天都上班。有的老人他意思就是我不需要天天洗澡，对吧，一天一个小时，有的老人洗澡一个小时，剩下时间你就是没办法给他做家务。他意思就是你规定一个小时，后面事情没办法做了，最好就是两个小时，时间长一点，或者是他可以不天天洗澡，可以隔一天，这样子不是两个小时时间很长吗，然后洗好澡再打扫卫生，把衣服都洗掉。有的服务员也会说，长护险要求你们天天去，没有双休，做居家服务的时候是有双休的，都要工作没有办法照顾家里了。（访谈 C1-LZR）

长护险的老人，比如说，这个星期老人要出去旅游了，就会提前跟我们说，我们就停掉了。（访谈 B4-WYH）

就是以前做的那些还是没有变化，还多做了一些关于护理方面的。重度的老人得注意，如果红肿了，要赶紧热敷，还要擦身，要注意足癣什么的，都要注意，要及时处理。以前是有双休的，现在没有，随时要去。这样跟家庭肯定是会有矛盾的。只好对家人说，我要出去服务老人了，肯定要解释的。（访谈 D1-LJF）

最后，妥善做好原有居家养老服务对象转入长期护理保险保障对象的衔接工作，并耐心地向老人做好解释工作，详细介绍长期护理保险制度服务项目。

在2017年底的时候，我们就拟了一个告知书，没有正式发下去。

（2018 年 1 月 1 日）长护险出来以后，才发了那个告知书。我们是先把第一批要转的（以前居家服务对象）转入长护险，就是包括好几类老人。我们把这些老人资料送上去，（上级）反馈给我们，有部分老人不能平移的，需要重新再申请的。如果不能申请的话，他们两边（居家养老服务和长护险）都不能享受了。这一批老人中大概有七十几个老人需要重新申请的时候，解释工作做得蛮辛苦的。老人说为什么还要去申请，我们已经有等级了呀，而且那个申请，（老人）自己还要付钱的，200 块里面，付 40 块。自己付嘛，他们就很不开心、想不明白。这个工作，我们做得蛮辛苦的。（居家服务到长护险）肯定是不能断的。我们就跟上面反映了。区里面没有给我们明确的答复，我们领导就是想了第二种办法，去镇里面申请，保证这些老人不能断。后来区里面同意的，这部分人不暂停，等他们申请好。等新的等级出来，他们给我们一个时间，4 月中旬，必须要全部申请结束。后来我们就发了那个长护险的告知单。（访谈 B1-ZY）

　　首先是一个服务时间、服务项目，就是大家都是需要沟通的。然后在一些服务过程中，可能会碰到一些问题。就比如说现在不是新推出长护险嘛，长护险是以护理为主的，很多老人他们还是需要家政服务。在这个上面就会有一个冲突的。以前没有长护险，因为长护险一月一号开始嘛，在之前的话是民政上面的，这样一个政策补贴。它呢，是以"十助"，我们之前说的"十助"，就是助洁、住院……其实大多数是以家政为主的。然后现在政策改变之后，医保又特别严格，他们必须是以护理为主，这个上面会有一个矛盾，因为现在政策也是在变嘛，所以也没办法……所以很多人其实会涉及一些。然后有一部分老人，就比如说特定人群，像高龄老人，90 岁以上的那种低保低收入的老人，区里面有一部分补贴，还有我们街镇也是一部分补贴，就用来补贴他们做家政。然后有一些，比如常规化的人群，比如说困难但不是高龄老人那种，其他政策享受不到，那他可以享受长护险，然后可以自费。所以我们还是跟家属联系，然后还要再去看一下老人。就像我们现在，一个老人重新申请吧，他是新申请了一个老人，第一步你先去评估，级别出来之后到我们这边，然后资料先收齐，然后我们有专员，他先去看一下老人的身体情况。我们跟家属沟通一下，你们需要哪些服务，你们可以享受哪些服务，

然后你们需要哪些服务，最后就协商，就定下了一个你的服务计划。（访谈 B2-WXF）

之前（居家养老服务是）签协议的，现在换长护险了，不一样了。现在是直接记账式的。他们（评估人员）做记法的，做记法；我们片长也要去的，要熟悉人家的情况，要派工的。以前是居家服务，是政府购买的，政府是有补贴的。现在长护险了，长护险 90% 是政府的，10% 是自己的。Z 镇还补贴 10%，有要求的，要 90 周岁。（访谈 B4-CJP）

进长护险了以后，有的老人一下子接受不了。他们个别提问的，没有大量的上来。比如说，他们不知道什么叫长护险，不懂。然后，我们就跟他解释。事实上，进了长护险以后，有的老人发现，这是他们所需的。以前是居家养老服务的时候，注重的是家政。然后，如果是重度的老人，他们觉得比较满意。有的老人卧床的嘛，卧床老人，他们对翻身啊，纸尿裤啊，这个娴熟方面，他们不懂。我们进入（长护险）以后，他们家属也学到了。（访谈 B5-LLP）

（居家养老服务转入长护险）就是一下子适应不了，打个比方，原来他不需要这种康复，他是以家政为主，烧饭、洗衣服啊，什么都做。现在规定就是只能做康复或者以康复为主。这部分老人一般都是重度和中度蛮多的，老人有时的意思是你现在一下子到护理这边多了，他这个家政没人做，打个比方他洗完澡之后，衣服没人洗了，卫生间卫生没人弄了，他就希望就是什么都做不要像规定那么死的。（访谈 C1-LZR）

进入长护险以后就是我以前服务的老人，一开始有点小想法的也是有的。他（她）就说我好像身体还蛮好的，为什么要你们帮我做这些。我家里你帮我打扫惯了，怎么一下子这个时间缩短了，那个时间倒有了。接受是总归要接受的，但是他（她）还是有点情绪上的，反应不是太大的。老人还是通情达理的，因为我们之前也有慢慢地给他（她）渗透一些，等于就是概念嘛，等于说是慢慢有长护险之类的了，医疗照护这一块了。那么老人就是也听到多了嘛，就是好像，反正有时候你做啥呢，他（她）也不是太计较的。那么等于就是，我还是每天会看到你的，反而有时候想想，你是周六周日也会来看我，那日期上面，你倒反而不休息了，他（她）觉得这样也不错的，那么反正他（她）就说这总归跟着政策走的咯，上面要你们怎么做，也就这样做的嘛。（老人）基本上能够

接受能够理解的。（访谈 C3-YAH）

（居家养老服务转到长护险）周末休息的可能就，尤其是双休日的时候，没那么多了，不过还好，我们大多数就是下午 4~5 点钟就可以结束工作了。居家养老服务的医疗康复项目和在长护险的医疗康复项目是有点出入的，以前居家养老的时候，就是量量血压、什么脉搏、心跳啊，按摩、艾灸、拔罐，就属于保健这一块，进了长护险这一块，其实是做健康管理，就是生活自理能力训练这一块，侧重于身体管理。长护险这一块我们做的服务大多数都是护理这一块了，像晨间护理、晚间护理，以前居家的护理就是给他们打扫居室卫生啦，然后洗洗衣服啦。后来一说长护险，他们的误区就以为这是医院，我们医生来了，就是这样一个误区。要给家属还有老人灌输一种思想，就是如果真的有身体不舒服，我们建议他还是到医院去检查，因为有的老人嘛，理不清，就会感觉到你一过来，你就是医生，你肯定是能给我看好毛病的。（访谈 D4-LR）

7.1.2 外包临床护理服务项目存在可持续发展风险

居家养老服务中的医疗康复项目是 Z 镇居家养老服务中心委托福寿康居家康复护理机构向服务对象提供的服务项目。随着服务对象对医疗康复项目的需求增大，康复小组从最初的 3 人增加到了目前的 7 人。随着 2018 年 4 月 Z 镇居家养老服务中心提供长期护理保险服务后，临床护理（医疗康复）服务[1]需求激增，康复师工作量大增，因此也需要继续招聘康复师。

（居家养老服务转入长期护理保险）对于健康师来讲在工作内容上有推拿、按摩、针灸、拔火罐、做一些康复训练、尿袋置换，等等。工作时间更有弹性，不是每天要上下班打卡，通过多劳多得奖励制度的方式，激发更多健康师的工作活力。对于老人来讲：居家养老服务转入长护险之后，由于是政府购买的项目，通过居委会和街道的宣传，并且所需要的花费、开销是老人可以接受的，因而老人更加愿意参加这个项目。（访

---

[1] 原来的居家养老服务中的医疗康复项目在长期护理保险制度中称为常用临床护理服务。由于现在仍处于居家养老服务向长期护理保险制度的过渡阶段，因此我们统称为临床护理（医疗康复）服务。

谈 B7-LY）

但是目前福寿康居家康复护理机构出现重大战略调整，从医疗照护转到健康管理，并将建立护理站这类养老机构，减少和第三方机构合作[1]。

这个可能是福寿康的定位它要转变的，因为我们未来肯定是主打叫做健康管理，医疗照护只是其中一块。但福寿康的定位就是全是护理站。以长护险，以政府购买为主，这是它未来的发展方向。然后假如上海放开了，江苏要放开，北京啊都要放开，他就主打护理上了。那我们呢现在定位转变了，我们未来一定要做机构，里面有老年大学，有护理站，有医疗机构。所以我们在江苏那边就成立了比这边还要大的地方，就是全包、全方位服务，包括床位啊、日间照护啊，就是一体化的一条龙服务的。虽然我们（福寿康）现在跟中心合作的这个点已经开发三年，和周围的乡镇现在已经有合作，但我们这种发展思维呢，已经达不到要求，因为自从这些上市公司注资之后呢，就是说他们的要求很简单，要统一福寿康全部，就全上海市全部铺开，自己投资建设护理站，就是说不与第三方合作。（虽然现在这个合作点很好啊，势头也很好，而且很稳定）但是对机构来讲，对于现在这种大背景来说，它已经不看着了，有足够的资本去投。今年大概是造了一个失能失智的总量，因此要做战略调整。所以说吧，因为我是从刚开始他们创立时加入的，所以我在带我们这些服务呢，就是按照福寿康公司顶层设计转变的话，这个康复项目会逐步地缩小。虽然这个中心业务的增长，但福寿康现在就想自主做护理站的，因为对照我们现在这个服务量那简直就是微不足道了。虽然我们这个项目是实实在在落地的，但是我们这一块一直以来就是说重视程度也是非常低的。现在这个福寿康呢，目前除了我带这个团队还在做康复，其他绝大部分全是护工为主，护士占主导，然后护士起到监督啊、主管啊的作用，护理站，其他全是护工阿姨。为什么叫长护险，这个叫护，就是肯定有护理为主，但是呢，这个叫护理级别的康复锻炼，也是其中 42 大项的其中 1 小项，就是这个非常细分了。但是我看到的不一样，我就说

---

[1] 资料来源为根据访谈对象 B7-LY 的访谈整理而成。

哪怕很小的一块，但是我觉得他这一块肯定是未来不可或缺的。然后也试着看看我们大的整体，包括其中一块。（访谈 B7-LY）

7.2 管理存在困境

根据 Z 镇居家养老服务中心负责人、服务部主任、片长、组长和社工等管理人员的访谈整理以及内部资料，我们发现其存在以下两方面管理困境：

7.2.1 服务派工有困难需协调

每个月月末，Z 镇居家养老服务中心需要安排分配下一个月的服务员服务工作，即派遣工作（以下简称派工）。我们发现派工主要是由片长负责，组长协助。

在行政方面，上级部门没有一套规范的制度标准，例如跟老人、服务员的合同等行政事务，只能通过自己制定标准、自己执行的方法改良。这一问题多次向上级反映，但实际改良效果较差，希望可以给一些实际工作可以运用的规范化的、指定化的标准，像敬老院一样有统一的管理模式。（访谈 B2-WXF）

是片长派工的，我协助片长，基本上没有碰到什么问题，基本上这些服务员都是能够接受派工的。（访谈 C2- LYP）

片长在派工时候，既要考虑到居家老人的服务需求，又要考虑到服务员的工作要求，因此会出现一些派工困难，正如 3 名片长描述的派工困难。但在协调居家老人和服务员后，片长制定的每月月末派工工作还是能够基本解决。

当上片长以后，工作上问题会有一点的。比如派工时，要跟老人沟通好，也要跟服务员沟通好。比如老人不干时，比如老人觉得小张好，她也给我做了好多年，那怎么办呢？按照工作需要，跟他讲，这个服务员，一方面技术差不多的，我们都有证的，还要跟老人讲清楚，她的性格也是好的。老人嘛，有的喜欢开朗一点的，有的喜欢话少一点的。我们派的时候，也知道这个老人喜欢什么类型的，所以派过去的时候，基本上八九不离十。老人选（服务员）的，也有的。有的喜欢个子高大一点的，有的喜欢小巧玲珑的。比如，家里卫生间小的，老人会喜欢小巧玲珑的服务员。一开始，会去摸底一下（了解老人），不摸不行的，不摸不知道的呀。有的老人要求的，那要看什么情况了。他提到的情况是有理的，我们也没有考虑到的，会适当地调整一下。不行的话，也要和家属做做工作，基本上能解决。服务员方面，比如派的工离家比较远，或者其他情况，一开始派工，肯定是一块一块的，时间长了，（老人）有的去敬老院了，有的过世了，有的去子女家住了暂停了。哪里有服务对象，就先做一下，有机会了，再慢慢调整。尽量给他们路程上方便一点，还有安全问题，也要考虑到这一点。（我们）尽量能安排在一块，一开始没有的时候，远一点就克服一下。一下子也不行的，不可能这一块人家在做的，把人家给弄走了。过年过节的时候的派工，他们（服务员）都很主动的，我们习惯了。休息的应该休息，节假日我们服务员很主动的，哪怕是春节，"十一"也蛮长的，他们每隔一天去看一下。有活就帮忙干一点；没活就是节日去探望一下，都是有感情的呀。（访谈B4- CJP）

我是从我们姐妹选出来的，相对来说有组织上的这种安排，其实也私底下有感情的，大家比较熟悉了。有时候，会遇到一些问题，肯定有的。我们随时有电话、微信交流。基本上，因为组长工作比较忙，我也不召集，就月底汇报工作。月底我们派工之前，他们会根据他们的工作情况，给我一个解释。解释以后，我再去复核，再去回访一遍，是不是有这种现象，根据派工再调解。（但是）派工肯定有问题的，看情况。我们这边WX地区比较散嘛，再加上交通也不是很方便。如果服务员要求派个离家稍微近一点的地方，路线方面的话还可以考虑。但是因为我们片区的，有的（服务员）年纪比较大一点的50多了，年纪大肯定比较不灵活一点，这样嘛，肯定要照顾的。安全要考虑嘛，安全了，才能保证更好地工作。（访谈B5- LLP）

纠结是有一点，特别是到月底派工的时候，是在想派谁更合适。你既要给这个老人安排服务员上门，不是说服务员上门就完事了，你后面的后续工作做得要到位，老人要满意，服务员也要觉得上门没有特别的压力，几方结合在一起，确实挺难的。但是总的来说，现在老人也好，

家属也好，都是蛮理解的。（访谈 B3- WYH）

接下来是服务部主任对片长所做的派工计划进行审核后修正，然后由片长将派工任务分配到服务员。

> 每个月派工的时候，会有这种矛盾，像这个月正好。派工一般就是两天左右，因为你（片长）派工派好以后，我要审核。审核好以后，我要进系统。登那个台账，还要看一下，每个服务员的（派工计划），他的服务时间有没有超，因为过分地超，他一个是太累，还有一个时间上面排不过来的。比如，人家 8 个小时，9 个小时，你做 10 个小时，11 个小时，肯定是不行的。然后，合理协调一下。不对的，给他们指出来，然后再微调一下。然后，弄好以后，他们（片长）还要领服务员，因为是 25 号派工，如果逢到双休日，等于是顺延。然后他们就是 1 号之前，把所有调整的服务员，全部领到位。所以，25 号、26 号，一般我们就两天里面，一定要定下来。像这个月，因为特殊原因，这次正好是月底的时候，有个（服务员）身体情况不好，提前辞职，所以这个比较急。（访谈 B1- ZY）

总的来说，每月月末的服务派工工作会遇到居家老人和服务员双方需求不一致的情况，但是经过协调后基本能顺利解决。

7.2.2 人员流动很少但难招聘

目前，Z 镇居家养老服务中心的居家养老服务员流动不大。服务员离开的主要原因是正常退休，少数几人是因为病退或者其他原因。

> 现在（服务员）流动性不大，我们就是退休的。一般是正常退休，我们这边办退休是 55 周岁，都是女性。退休了以后，大概有 8 个返聘回来。收入按小时单价给她们结算，40 块跟 65 块（钱），是上面给我们的。退休的，我们给她们买了一个意外险。辞职的，我进来 5 年到现在没有过，就基本上就正常退休，还有两个是大病。有一个，她做得蛮好的，那个小姑娘，我觉得很可惜的。她医疗照护，和我们一起读的。然后，就是自己家里的原因，就不做了。还包括这个月这一个，因病辞职

的，就是很少。（访谈 B1－ZY）

但是由于现在管理严格、相对工资待遇较低，因此招聘新进人员比较难。

> 在制度上越来越严越来越正规，招人开始困难。且这个困难一直持续。（访谈 A1-QHY）

> 目前服务员 215 人不到的，我肯定还是这个标准来再招人。会存在很难招人的这样一个情况，（因为）待遇不高呀。现在待遇大概差不多一个人有 3000 元到 4000 元左右。还有就是可能工作上呢，我们这边管理还挺严吧，就像一个企业一样了。（访谈 A1-QHY）

另一方面，由于居家服务的管理越来越严格，新进人员必须持证上岗，因此，新进人员需要有了上岗证才能提供服务，这之间存在时间差可能会导致新进人员的流失情况。

> 最近一段时间，我们服务员进来一个都要录系统的。只能是先有证，有了那个资质，才能正式上岗。原来是边试用，边培训的。现在呢，等于是，他的证出来了，我才能把他（正式录用）。这就有一个时间段，间隔会有半年吧。因为他一个证，要 3 月开班，6 月考试。这半年，不签合同，就是试用、培训，等于是实习带教的方式。实习带教，是没有工资的。只有是碰到特殊情况，比如，有服务员病假了、特殊情况请假了，就看他的能力。我们也不是每个人都派上的。就看有能力，比较好的，先让他（去服务）。这个带教应该是一周到两周，轮流的，然后就可以签劳动合同了。（访谈 B1－ZY）

> 然后就会觉得，就其实说句难听点的，以前刚刚进来的“4050”他们肯定都是混日子的，就来缴个金就可以了。当时他们就这么想的。所以当时要进来，都要开后门的。（现在严了）这个也是怪我们啊，我们在制度上越来越严，越来越正规的时候，招人是慢慢地会有问题的。（访谈 A1-QHY）

除了居家养老服务员方面存在招聘难的问题，医疗康复项目的康复师人员流动虽然不大，但也存在招聘难的问题。

康复师离开的原因主要包括在老人服务方面缺乏沟通和工资待遇较低两方面。

> 目前有 7 个康复师，有男性（康复师）。以前有 3 个，他们在流动，现在就 1 个了。我们康复师的话，有 2 个基本上是稳定的，没问题的。还有几个就是（20）16 年，就 2 个男的，流动比较大。我知道的一个原因，就是老人对他们的服务不是很满意，因为他们没有那个女康复师嘴巴甜。他们就是比较死板。还有就是力道太大。有的老人承受不了，说男的力道太大。男康复师这方面（老人沟通）可能有些欠缺。像我们几个女康复师，她们，据老人反应，很好。有一个，她做的优质服务，她会边做边跟老人聊天，也会教老人平时要注意一些什么。但男康复师有可能比较死板一点。（访谈 B1- ZY）

> （离开的原因）有的原因就是，感觉哈，有的就是他们在做的过程中，是年轻一点的，还有的没结婚没成家的，感觉就是工资待遇还是差了一点，有可能换个更好一点的吧。有的（差不多资质的同学）是留在了医院，有的中间也有改行的，还有像这个保健推拿的，他们自己开店。如果跟他们医院相比的话，（我们的工资）偏低一点。（干这份工作）像我们这结过婚的，有了孩子的，就图个稳定，做起来还持久性比较长一点，最好的就是没有夜班。（访谈 D4-LR）

但是由于康复师是需要专业资质的，因此康复师招聘也有困难。

> 康复师现在这一块，人员有点紧张了。他们这一块流动是不大，就是说我们对康复的需求可能是慢慢地越来越多了，所以他们在人员上比较紧张，因为他们的人员不会像我们的这样好招。还是这种资质的人比较少，而且很辛苦。嗯，应该是（说这个招人有困难），因为这一块我倒不熟（因为是和福寿康合作），我只跟他说这个月要做多少，给他这个量。但是工作量也挺大的。而且他们是这里（居家服务）做好，有的时候我这边日托，他们中午休息的时候就做上门，排得很满的。（访谈 A1-QHY）

> 我们也不得不面对的一个问题，（康复师）做得越来越难。这个就是说是不可逆的，为什么？因为整个就业的群体在减少，而且在国家政策

鼓励之下，现在好了，到处在新建些医院。医疗人员现在自己可以开诊所了，就是第三点职业也逐步释放了，所以就导致大家抢人的。这边跟中心的合作可能还是会越来越多，就是因为进来长护险的这些老人，很多都是因为家里需要护理，所以我觉得这个 7 人团队可能还不够。我们这个招人是一直在进行，跟我们的要求会逐步增长。现在长护险一个月就要进来 60 个（老人），这样的速度呢，目前我们唯一的办法，就是跟我们的合作机构，像成都科技进修学院，把每一期有几百名培训的，现在我们已经达成战略签约了，但是问题呢就是说我们还没有开启去使用。因为他每一期有毕业的，就医疗照护人员的，有大概四五百人，每年都有。然后呢，包括像我的母校，安徽中医药大学提供大专级别的护士呀，康复师也是每年毕业很多，但是目前呢我们还没达成与他们到底怎么合作、形成有效机制。（访谈 B7-LY）

总的来说，居家养老服务员和康复师虽然流动少，但是由于工资待遇相对较低，在招聘方面还是有困难的。

7.3 市章小结

在整理分析 Z 镇居家养老服务中心的文件资料和对其管理人员及服务人员进行个人访谈的基础上，我们发现 Z 镇居家养老服务中心存在服务派工有困难需协调和人员流动很少但难招聘等内部管理困境，还存在长期护理保险制度需与居家养老服务紧密衔接和外包临床护理服务项目存在可持续发展风险等外部业务困境。因此，在长期护理保险制度的新形势下，Z 镇居家养老服务中心将如何能够在追求自身生存和持续发展过程中，既要考虑到实现为居家老人提供长期护理服务的目标，又要不断提高自身持续发展的能力，这是值得我们进一步讨论的重大问题。

居家养老机构可持续发展探索

居家养老机构在成功转型为民办非企业单位不久后，就面临试行长期护理保险制度的艰巨考验。居家养老机构需要重新定位其民办非企业性质并成为居家养老服务市场中的主流服务机构。居家养老机构还需要在长期护理保险制度下调整服务模式，以尽快适应新的服务内容和服务要求，快速融入长期护理保险体制内，成为合格的长期护理保险定点护理服务机构。同时，政府需要做好相关政策配套措施，以促进居家养老机构在长期护理保险制度下的健康发展。编者建议加大对民办非企业性质居家养老机构成为长期护理保险定点护理服务机构的"以奖代补"扶持力度、对从事长期护理保险服务业务的从业人员进行适度的财政性岗位补贴、对民办非企业性质的居家养老机构申请成为长期护理保险定点护理服务机构进行长期护理保险服务业务记账和结算方面的基础培训等。居家养老机构只有苦练内功转模式、勤修外功促发展，内外兼修才可持续！

8.1 机构需重新定位并成为主流服务机构

上海是中国大陆地区最早进入老龄化的城市（1979 年），是人口老龄化程度最高的城市，也是率先在中国大陆地区开展社区居家养老服务的城市。随着经济社会的进一步发展和人口老龄化的加剧，有着十多年历史的上海居家养老服务体系初步成型并趋于成熟，并成为上海"9073"养老格局的重要组成部分。上海社区助老服务社是上海居家养老机构的主要组成部分，也是重要的居家养老机构，为有生活照料需求的居家老年人提供或协助提供生活护理、助餐、助浴、助洁、洗涤、助行、代办、康复辅助、相谈、助医等"十助"服务。编者选取了上海市辖区中户籍人口最多、占上海市户籍总人口

比重最大的浦东新区作为调查地，选定了上海市最早开展居家养老服务 7 个
试点街镇之一的 Z 镇，实地调查研究 Z 镇居家养老服务中心。Z 镇居家养老
服务中心是最早建立的上海社区助老服务社之一，也是顺利转制成功的民办
非企业单位。在实地调研过程中，首先是获取了有关 Z 镇居家养老服务中心
发展情况的文件报告等资料，对该机构状况有了初步的认识；其次，根据事
先设计的半结构性访谈提纲对该机构管理人员和服务人员进行个人访谈，试
图全面掌握该机构内部管理和外部业务的基本情况，进而从内部管理和外部
业务两方面来考察该机构的可持续发展，即居家养老机构在追求自身生存和
持续发展过程中，既要考虑到实现为居家老人提供居家服务的目标，又要不
断提高自身持续发展的能力。

回顾 Z 镇居家养老服务中心（Z 镇社区助老服务社）的发展路径（见表4-
1），我们不难发现 Z 镇社区助老服务社的确是在政府的积极扶持下发展起来
的，其开办、运营、培训和人员配备等都离不开政府，因此造成了政府职能
部门与 Z 镇社区助老服务社之间是领导与被领导、命令与服从的行政隶属关
系，而不是指导与协调、监督与服务之间的关系；并且政府会把非正规就业
组织的 Z 镇社区助老服务社看作是其附属机构，可能会利用行政权力直接干
预其自主权力。这种"政社不分"可能会导致居家养老机构对其自身定位模
糊，在居家养老服务市场中缺乏应具有的独立性和能动性，从而不利于自身
的健康成长。在发展稳定期，政府开始转换职能并实施以补需方为主的财政
政策以购买居家服务机构提供的居家服务，Z 镇居家养老服务中心（Z 镇社区
助老服务社）在内部管理上日趋规范化，其外部业务也实现了为居家老人提
供满意服务的目标，但对其自身定位仍旧处于模糊状态，即仍然是被动地通
过政府购买服务为有需要的居家老人提供居家服务从而发展壮大自己。

因此，在 Z 镇居家养老服务中心成功转型为民办非企业单位这类社会组
织后，首要任务就是要明确自己的定位，进一步厘清与政府的关系。只有认
清居家养老机构的本质，才能在今后的长期护理保险制度下成为主流服务机
构。居家养老机构要明确定位为民办非企业单位。根据《上海市民办非企业
单位登记实施办法》，民办非企业单位是指企业事业单位、社会团体和其他社
会力量以及公民个人利用非国有资产举办的，从事非营利性社会服务活动的
社会组织（上海市民政局，上海市社会团体管理局，2015）。因此，从性质上
看，居家养老机构是民办非企业类型的社会组织。它与政府职能部门之间并

不是领导与被领导、命令与服从的行政隶属关系，而是管理和被管理关系，是平等主体的关系。从服务内容上看，居家养老机构是社区养老服务机构中的居家照护服务机构，是须经法人登记且经营范围或主营业务为社区养老服务业务，具体而言就是通过上门服务的方式为老年人提供专业化的居家照护服务；它既不是医疗类服务机构，也不是社区养老服务机构中的社区托养服务机构。居家养老机构在明确自己的定位并厘清与政府的关系后，在长期护理保险制度下要积极壮大自己，成为长期护理保险服务机构的中流砥柱。第一，居家养老机构要勇于充分享受民办非营利机构的各类优惠政策，积极发展居家养老服务项目；第二，居家养老机构应在社会力量参与养老服务市场竞争过程中，敢于积极应战，通过良性竞争提升服务质量、完善发展；第三，居家养老机构应主动利用政府提供的各类培训政策和财政补贴政策，努力提升自身护理员的专业素质，完善人才结构，尽可能提升服务人员福利待遇，以稳定自身人才队伍发展。

8.2 机构需在长期护理保险制度中调整服务模式

2018 年 1 月开始，上海在全市范围内开展长期护理保险试点工作，社区居家照护服务纳入长期护理保险范畴，社区养老服务组织可申请成为长期护理保险定点护理服务机构。社区居家照护服务是长期护理保险的三大服务内容之一，政府鼓励社区养老服务机构申请经评估后成为长期护理保险定点护理服务机构。但是，在居家养老服务和长期护理保险两种制度中，居家服务机构所提供的居家服务在性质、主管单位、服务内容、服务员资质、服务时间和结算方式等方面差异较大（见表 8-1）。第一，服务性质不同。居家养老服务是民政服务，而长期护理保险是社会保险。第二，主管部门不同。居家养老服务的主管部门是上海市民政局，而长期护理保险是上海市人力资源社会保障局（医保办）。第三，服务内容不同。居家养老服务主要是"十助"服务，即生活护理、助餐服务、助浴服务、助洁服务、洗涤服务、助行服务、代办服务、康复辅助、相谈服务和助医服务。而长期护理保险中生活照料服务共有 27 项，包括头面部清洁、梳理；洗发；指/趾甲护理；手、足部清洁；温水擦浴；沐浴；协助进食/水；口腔清洁；协助更衣；整理床单位；排泄护理；失禁护理；床上使用便器；人工取便术；晨间护理；晚间护理；会阴护理；药物管理；协助翻身叩背排痰；协助床上移动；借助器具移动；皮肤外用药涂擦；安全护理；生活自理能力训练；压疮预防护理；留置尿管护理；人工肛门便袋护理。第四，服务员资质不同。居家养老服务要求服务员接受相关专业知识和技能培训，持有行业认定的证书上岗。而长期护理保险要求服务员具有健康照护、养老护理员（上岗证、初级、中级以上）和养老护理员（医疗照护）等证书。第五，服务时间不同。居家养老服务时间是服务对象和服务机构之间约定服务时间，一般在平时，而非周末。而长期护理保险服务时间是依据服务对象即老人的评估等级而定，其中评估等级为五级或六级的，每周上门时间为 7 次，每次 1 小时。第六，结算方式不同。居家养老服务是政府购买项目，即政府职能部门以项目化形式编制下年度部门预算后立项，社会组织竞标中标后，双方签订合同，按照合同支付方式拨付。而长期护理保险是医保结算，即属于长期护理保险基金支付范围的，定点护理服务机构记账，长期护理保险基金按照规定支付，其余部分由个人自付。记账的服务费用，由定点护理服务机构向所在地的区医保中心申请结算[1]。

表 8-1　居家养老机构在居家养老服务与护理保险制度下的区别

	居家养老服务	长期护理保险
性质	民政服务	社会保险
主管单位	上海市民政局	上海市人力资源社会保障局（医保办）
服务内容	"十助"服务： 生活护理：个人卫生护理，如洗头、梳头、口腔清洁、洗脸、剃胡须、修剪指甲、洗手洗脚、沐浴等；生活起居护理，如协助进食、协助排泄及如厕、协助移动、更换衣物、卧位护理等。助餐服务：集中送餐、上门送餐。助浴服务：上门助浴、外出助浴。助洁服务：居室保洁、物品清洁。洗涤服务：集中送洗、上门清洗。助行服务：陪同散步、陪同外出。代办服务：代购物品、代领物品和代缴费用。康复辅助：群体	27 项基本生活照料服务： 头面部清洁、梳理；洗发；指/趾甲护理；手、足部清洁；温水擦浴；沐浴；协助进食/水；口腔清洁；协助更衣；整理床单位；排泄护理；失禁护理；床上使用便器；人工取便术；晨间护理；晚间护理；会阴护理；药物管理；协助翻身叩背排痰；协助床上移动；借助器具移动；皮肤外用药涂擦；安全护理；生活自理能力训练；压疮预防护理；留置尿管护理；人工肛门便袋护理。

[1]　第七章 7.1.1 长期护理保险制度需与居家养老服务紧密衔接中也谈到了居家养老服务机构在居家养老服务与护理保险制度下提供的服务在服务内容和服务时间上的区别。

续表

居家养老服务	长期护理保险
康复、个体康复。相谈服务：谈心交流、读书读报。助医服务：陪同就诊、代为配药。	
服务员资质　接受相关专业知识和技能培训，持有行业认定的证书上岗	除留置尿管护理和人工肛门便袋护理 2 项外的 25 项服务所需资质：健康照护、养老护理员（上岗证、初级、中级以上）和养老护理员（医疗照护） 留置尿管护理和人工肛门便袋护理这 2 项所需资质：养老护理员（初级、中级以上）和养老护理员（医疗照护）
服务时间　服务对象和服务机构之间约定服务时间	依据老人评估等级而定： 评估等级为二级或三级，每周上门服务 3 次；评估等级为四级，每周上门服务 5 次；评估等级为五级或六级，每周上门服务 7 次；每次上门服务时间为 1 小时
结算方式　政府购买：政府职能部门以项目化形式编制下年度部门预算后立项，社会组织竞标中标后，双方签订合同，按照合同支付方式拨付。	医保结算：属于长期护理保险基金支付范围的，定点护理服务机构记账，长期护理保险基金按照规定支付，其余部分由个人自付。记账的服务费用，由定点护理服务机构向所在地的区医保中心申请结算。

资料来源：编者根据《关于印发〈社区居家养老服务规范实施细则（试行）〉的通知》、《上海市长期护理保险试点办法实施细则（试行）》和《上海市长期护理保险结算办法（试行）》等整理而成。

　　因此，居家养老机构需要在长期护理保险制度中调整服务模式，才能够成为合格的长期护理保险定点护理服务机构。首先，居家养老机构要充分认识长期护理保险制度，要理解长期护理保险的社会保险性质，即长期护理保险制度是以社会互助共济方式筹集资金，对经评估达到一定护理需求等级的长期失能人员，为其基本生活照料和与基本生活密切相关的医疗护理提供服务或资金保障的社会保险制度（上海市人力资源和社会保障局，上海市医疗保险办公室，2017）。其次，居家养老机构要积极培训服务员尽快取得长期护理保险要求的健康照护、养老护理员（上岗证、初级、中级以上）和养老护理员（医疗照护）等证书，并尽快熟悉和操作27项基本生活照料服务的基本内容。最后，居家养老机构要快速熟悉长期护理保险的医保结算流程，能够正确地进行记账和汇总并申请结算。也就是说，居家养老机构要正确地对参保人员发生的、符合长期护理保险规定的社区居家照护费用予以记账，并需要根据参保人员长护险凭证、长护险服务项目、服务计划、服务确认报告等资料填写费用结算表和结算申报表，在计算机数据库数据、报表数据和结算申报表数据三者一致的情况下才能向所在地的区医保中心申请结算。

8.3 政府需做好相关政策配套措施

居家养老机构在成功转型为民办非企业单位不久后，就面临试行长期护理保险制度的艰巨考验。因此，政府需要做好相关政策配套措施，才能够帮助居家养老机构尽快纳入长期护理保险制度中为有需要的老人提供生活照料，也使得居家养老机构能够可持续发展下去。

首先，政府要继续扶持民办非企业性质的居家养老机构的发展，并加大对其成为长期护理保险定点护理服务机构的"以奖代补"扶持力度。目前，政府对居家照护服务机构等非营利性社区养老服务机构实施"以奖代补"扶持政策，设立"招用持证养老护理人员奖"和"招用专技人员奖"，以促进社区居家养老服务工作的专业化发展（上海市民政局，上海市财政局，2018）。编者建议政府在全市民办非企业性质的居家养老机构申请成为长期护理保险定点护理服务机构时对服务对象即居家老人的基本情况进行摸排，针对长期护理对象日益增多的情况[1]，可根据服务的长期护理保险对象的人数和评估等级加大对成为长期护理保险定点护理服务机构的民办非企业性质的居家养老机构的"以奖代补"扶持力度，鼓励更多民办非企业性质的居家养老机构参与到长期护理保险服务行业中。

其次，政府要实行鼓励劳动者从事长期护理保险服务业务的就业政策，对从事长期护理保险服务业务的从业人员进行适度的财政性岗位补贴。目前，

---

［1］ Z镇居家养老服务中心负责人访谈对象 A1-QHY 在访谈中曾谈到这一情况。

社区居家养老服务等服务收费按照社区养老服务有关规定执行后也形成了养老服务补贴标准与本市最低小时工资同步调整的动态联动机制，但是居家养老服务员的工资待遇还是相对较低[1]。课题组对 Z 镇居家养老服务中心管理人员进行访谈时，Z 镇居家养老服务中心服务部主任即访谈对象 B1-ZY 曾谈到因服务员周末上班而帮助服务员申请了综合计算工时工作制[2]，但是其中心的服务员工资待遇也不算高，从而导致少数人员流失。编者建议政府对全市从事长期护理保险服务业务的从业人员的类型和工资水平进行摸排，然后对从事长期护理保险服务业务的从业人员进行适度的财政性岗位补贴，从而在一定程度上实实在在地改善其工资待遇，对稳定长期护理保险服务人员队伍也有极大的促进作用。

最后，政府要对申请成为长期护理保险定点护理服务机构的民办非企业性质的居家养老机构进行长期护理保险服务业务记账和结算等方面的基础培训，协助居家服务机构尽快熟悉长期护理保险服务业务，从而使其快速从民政体系的居家服务转变为长期护理保险服务模式。居家服务机构提供居家养老服务已经有了十几年的历史，因此熟练掌握民政体系下的居家服务供给工作。上海全面开展长期护理保险制度才刚开始，尚处于摸索阶段。居家服务机构服务老人却是持续的、从未间断的工作，因此对于长期护理保险结算模式也是陌生的，也处于摸索阶段。课题组建议政府对全市申请成为长期护理保险定点护理服务机构的民办非企业性质的居家养老机构的基本情况进行摸排，然后对其进行长期护理保险服务业务的记账和结算等方面的基础培训，从而协助居家服务机构尽快度过长期护理保险业务的适应期，为有长期护理服务需求的老人提供所需服务。

---

〔1〕　Z 镇居家养老服务中心访谈对象 C1-LZR 和 D4-LR 在访谈中都曾谈到这一情况。

〔2〕　综合计算工时工作制是指企业因工作情况特殊或受季节和自然条件限制，需要安排职工连续作业，无法实行标准工时制度，采用以周、月、季、年等为周期综合计算工作时间的工时制度，参见《上海市劳动保障局关于印发〈本市企业实行不定时工作制和综合计算工时工作制的审批办法〉的通知》，2006。

参考文献

［1］ 柏萍、牛国利：“城市社区居家养老服务的发展思路与对策”，载《城市观察》2013
年第 4 期。

［2］ 陈里予：“上海将形成‘9073’养老格局”，载《新闻晨报》2007 年 10 月 18 日。

［3］ 陈友华：“居家养老及其相关的几个问题”，载《人口学刊》2012 年第 4 期。

［4］ 邓大松、王凯：“国外居家养老模式比较及对中国的启示”，载《河北师范大学学报
（哲学社会科学版）》2015 年第 2 期。

［5］ 丁建定：“居家养老服务：认识误区、理性原则及完善对策”，载《中国人民大学学
报》2013 年第 2 期。

［6］ 丁社教、王成：“居家养老服务：政府购买中的监管博弈”，载《地方财政研究》2017
年第 9 期。

［7］ 窦玉沛：“民政部：着力加快建立健全社会养老服务体系”，载《社会福利》2010 年
第 11 期。

［8］ 范斌、辛甜：“城市居家养老：发生机制、现实困境及其优化路径——基于上海市 HJ
社区的个案研究”，载《华东理工大学学报（社会科学版）》2016 年第 4 期。

［9］ 范明林：“非政府组织与政府的互动关系——基于法团主义和市民社会视角的比较个
案研究”，载《社会学研究》2010 年第 3 期。

［10］ 范明林、程金：“核心组织的架空：强政府下社团运作分析——对 H 市 Y 社团的个案
研究”，载《社会》2007 年第 5 期。

［11］ 范明林等：“枢纽型社会组织与社区分层、分类治理研究——以上海市枢纽型社会组
织为例”，载《社会建设》2015 年第 3 期。

［12］ 方国平：“新型政社关系的重构——上海市的探索与实践”，载《中国行政管理》
2010 年第 4 期。

［13］ 伏威：“政府与公益性社会组织合作供给城市养老服务研究”，吉林大学 2014 年博士
学位论文。

［14］辜胜阻等："构建科学合理养老服务体系的战略思考与建议"，载《人口研究》2017年第1期。

［15］桂世勋："上海市人口老龄化与养老服务体系建设"，载《上海金融学院学报》2011年第4期。

［16］国务院：《国务院关于加快发展养老服务业的若干意见》（2013）。

［17］［德］哈贝马斯：《公共领域的结构转型》，曹卫东、王晓钰、刘北城、宋伟杰译，学林出版社1999年版。

［18］韩正："韩正市长在推进就业和社会保障工作会议上的讲话"，载http://www.shanghai.gov.cn/shanghai/node2314/szzcnew/node9816/userobject21ai22980.html，最后访问日期：2013年5月20日。

［19］何铨、张实："基于扎根理论的为老服务社会组织领导者发展路径研究"，载《云南民族大学学报（哲学社会科学版）》2018年第1期。

［20］洪艳："'政府购买服务'的探索与实践——基于宁波市海曙区政府购买居家养老服务的思考"，载《湘潮（下半月）（理论）》2009年第4期。

［21］胡宏伟等："非政府组织参与居家养老模式分析"，载《广西社会主义学院学报》2011年第4期。

［22］胡湛、彭希哲："发展型福利模式下的中国养老制度安排"，载《公共管理学报》2012年第3期。

［23］黄佳豪："合肥市社区居家养老的实践探索及政府责任"，载《中国老年学杂志》2015年第10期。

［24］金艾裙、孙计红："非营利组织参与居家养老服务——日本的经验及启示"，载《皖西学院学报》2012年第3期。

［25］金家厚："转型期的社会管理：我国非政府组织的发展定位与模式构建"，载《云南社会科学》2003年第5期。

［26］李长远："社会组织参与居家养老服务的困境及政策支持——基于资源依赖的视角"，载《内蒙古社会科学（汉文版）》2015年第4期。

［27］李凤琴、陈泉辛："城市社区居家养老服务模式探索——以南京市鼓楼区政府向'心贴心老年服务中心'购买服务为例"，载《西北人口》2012年第1期。

［28］李国娟、李气柏："河北省居家养老服务的现状及其对策——基于石家庄市部分居家养老服务中心的调查"，载《河北经贸大学学报（综合版）》2017年第1期。

［29］李丽君："居家养老服务社会组织的培育和监管研究"，载《社科纵横》2015年第3期。

［30］李培林："我国社会组织体制的改革和未来"，载《社会》2013年第3期。

［31］廖鸿冰、李斌："我国社区居家养老模式的理性选择"，载《求索》2014年第7期。

[32] 楼玮群、何雪松："香港拾荒老人的生存境遇：以社会排斥为视角"，载《南方人口》2008 年第 3 期。

[33] 卢汉龙："民间组织与社会治理"，载《探索与争鸣》2006 年第 5 期。

[34] 罗菁："上海列出‘纯老人’家庭五类老人将受到结对帮扶"，载《劳动报》2004 年 10 月 12 日。

[35] 李学举、马伊里主编：《民政 30 年：上海卷》，中国社会出版社 2008 年版。

[36] 民政部：《社会组织评估管理办法》（2010）。

[37] 民政部：《社会养老服务体系建设"十二五"规划（征求意见稿）》（2010）。

[38] 穆光宗："‘居家养老’社会服务模式探析"，载《国家治理》2014 年第 21 期。

[39] 彭少峰、张昱："政府购买公共服务：研究传统及新取向"，载《学习与实践》2013 年第 6 期。

[40] 彭少峰、张昱："迈向‘契约化’的政社合作——中国政府向社会力量购买服务之研究"，载《内蒙古社会科学（汉文版）》2014 年第 1 期。

[41] 彭希哲、胡湛："公共政策视角下的中国人口老龄化"，载《中国社会科学》2011 年第 3 期。

[42] 祁峰："非营利组织参与居家养老的角色、优势及对策"，载《中国行政管理》2011 年第 10 期。

[43] 戚晓明、郭志芹："社区居家养老服务机构发展中的问题及对策研究——基于南京市玄武区的调查"，载《江苏社会科学》2017 年第 5 期。

[44] 全国老龄工作委员会办公室：《中国人口老龄化发展趋势预测研究报告》（2008）。

[45] 全国老龄委办公室等：《关于全面推进居家养老服务工作的意见》（2008）。

[46] 任远："多元创新：对挪威老龄化和养老服务创新的观察"，载《联合时报》2015 年 6 月 2 日，第 006 版。

[47] 上海市劳动和社会保障局：《上海市劳动和社会保障局关于印发〈关于规范非正规就业劳动组织管理的若干意见〉的通知》（2003）。

[48] 上海市劳动和社会保障局：《上海市劳动和社会保障局关于印发〈本市企业实行不定时工作制和综合计算工时工作制的审批办法〉的通知》（2006）。

[49] 上海市民政局：《上海市民政局关于印发〈关于全面开展居家养老服务的意见〉的通知》（2001）。

[50] 上海市民政局：《上海市民政局关于进一步规范居家养老服务补贴经费管理和使用的通知》（2003）。

[51] 上海市民政局："以服务券为载体与再就业相结合　本市全面深化居家养老服务体系建设"，载 http://www.shmzj.gov.cn/gb/shmzj/node4/node12/node836/userobject1ai 22183.html，最后访问日期：2013 年 5 月 20 日。

[52] 上海市民政局:《上海市民政局关于进一步推进深化居家养老服务工作的通知》（2004）。

[53] 上海市民政局:"推进政府购买社会组织服务建立互动合作新型政社关系——上海市各级政府部门购买社会组织服务的探索与实践",载《社团管理研究》2007 年第 3 期。

[54] 上海市民政局:"上海市养老服务社会化——求真务实 开拓创新",载《社会福利》2008 年第 12 期。

[55] 上海市民政局:《上海市民政局关于进一步规范本市社区居家养老服务工作的通知》（2009）。

[56] 上海市民政局:《上海市民政局关于贯彻落实上海市地方标准〈社区居家养老服务规范〉的通知》（2009）。

[57] 上海市民政局、上海市财政局:《上海市民政局、上海市财政局关于调整本市养老服务补贴政策有关事项的通知》（2015）。

[58] 上海市民政局、上海市财政局:《上海市民政局、上海市财政局关于进一步调整本市养老服务补贴政策的通知》（2018）。

[59] 上海市民政局、上海市财政局:《关于对本市非营利性社区养老服务机构实施"以奖代补"扶持政策的通知》（2018）。

[60] 上海市民政局、上海市老龄工作委员会办公室:《关于印发〈社区居家养老服务规范实施细则（试行）〉的通知》（2015）。

[61] 上海市民政局、上海市社会团体管理局:《上海市民办非企业单位登记实施办法》（2015）。

[62] 上海市民政局等:《关于加快实现本市社会福利社会化意见的通知》（2001）。

[63] 上海市民政局等:《关于印发〈关于本市实施社区助老服务项目的试行办法〉的通知》（2004）。

[64] 上海市民政局等:《上海市民政局、上海市发展和改革委员会、上海市建设和交通委员会、上海市财政局、上海市劳动和社会保障局、上海市卫生局、上海市医疗保险局关于进一步促进本市养老服务事业发展的意见》（2006）。

[65] 上海市民政局等:《2006 年上海市老年人口和老龄事业监测统计信息》（2007）。

[66] 上海市民政局等:《2007 年上海市老年人口和老龄事业监测统计信息》（2008）。

[67] 上海市民政局等:《关于全面落实 2008 年市政府养老服务实事项目进一步推进本市养老服务工作的意见》（2008）。

[68] 上海市民政局等:《2008 年上海市老年人口和老龄事业监测统计信息》（2009）。

[69] 上海市民政局等:《2009 年上海市老年人口和老龄事业监测统计信息》（2010）。

[70] 上海市民政局等:《2010 年上海市老年人口和老龄事业监测统计信息》（2011）。

[71] 上海市民政局等:《2011 年上海市老年人口和老龄事业监测统计信息》(2012)。

[72] 上海市民政局等:《2012 年上海市老年人口和老龄事业监测统计信息》(2013)。

[73] 上海市民政局等:《2013 年上海市老年人口和老龄事业监测统计信息》(2014)。

[74] 上海市民政局等:《2014 年上海市老年人口和老龄事业监测统计信息》(2015)。

[75] 上海市民政局等:《2015 年上海市老年人口和老龄事业监测统计信息》(2016)。

[76] 上海市民政局等:《2016 年上海市老年人口和老龄事业监测统计信息》(2017)。

[77] 上海市民政局等:《2017 年上海市老年人口和老龄事业监测统计信息》(2018)。

[78] 上海市民政局等:《关于加快推进本市养老护理人员队伍建设的实施意见》(2017)。

[79] 上海市人力资源和社会保障局:《上海市人力资源和社会保障局关于停止经营型非正规就业劳动组织认定工作的通知》(2011)。

[80] 上海市人力资源和社会保障局、上海市医疗保险办公室:《上海市长期护理保险结算办法(试行)》(2017)。

[81] 上海市人力资源和社会保障局、上海市医疗保险办公室:《上海市长期护理保险试点办法实施细则(试行)》(2017)。

[82] 上海市人力资源和社会保障局等:《上海市养老护理人员队伍建设(专项)规划(2015—2020 年)》(2015)。

[83] 上海市人民政府:《上海市人民政府关于调整法律援助对象经济困难标准和扩大法律援助事项范围的通知》(2016)。

[84] 上海市人民政府:《上海市人民政府关于加快发展养老服务业推进社会养老服务体系建设的实施意见》(2014)。

[85] 上海市人民政府:《上海市人民政府关于印发修订后的〈上海市长期护理保险试点办法〉的通知》(2017)。

[86] 上海市人民政府办公厅:《上海市人民政府办公厅关于本市组织实施万人就业项目的试行意见》(2003)。

[87] 上海市人民政府办公厅:《上海市人民政府办公厅印发〈关于完善本市养老基本公共服务的若干意见〉和〈关于鼓励社会力量参与本市养老服务体系建设的若干意见〉的通知》(2015)。

[88] 上海市人民政府办公厅:《上海市人民政府办公厅关于转发市民政局制订的〈上海市社区养老服务管理办法〉的通知》(2017)。

[89] 上海市人民政府办公厅:《上海市人民政府办公厅关于印发〈上海市老年照护统一需求评估及服务管理办法〉的通知》(2018)。

[90] 上海市为老综合服务平台:"社区居家养老服务项目",http://www.shweilao.cn/cms/csm Detail? uuid=7f47b1ae-b4d5-4107-9ecf-2d41eae3f95c,最后访问日期:2019 年 3 月 8 日。

[91] 宋雪飞等："非营利组织居家养老服务供给：模式、效用及策略——基于南京市的案例分析"，载《南京大学学报（哲学·人文科学·社会科学）》2017年第2期。

[92] 孙璐："居家养老的困境及化解的着力点——以扬州市的两个社区为例"，载《城市问题》2012年第8期。

[93] 孙燕："养老服务社会化：政府、社区、社会组织三方合作的实践模式"，载《学会》2010年第12期。

[94] 孙泽宇："关于我国城市社区居家养老服务问题与对策的思考"，载《中国劳动关系学院学报》2007年第1期。

[95] 同春芬、汪连杰："非营利组织参与居家养老服务的策略选择——基于SWOT分析模型的视角"，载《中共青岛市委党校青岛行政学院学报》2015年第6期。

[96] 同春芬、汪连杰："福利多元主义视角下我国居家养老服务的政府责任体系构建"，载《西北人口》2015年第1期。

[97] 王桂新、沈甜："上海人口少子高龄化与和谐社会建设"，载《华东师范大学学报（哲学社会科学版）》2008年第1期。

[98] 王裔艳："澳大利亚居家服务体系研究"，载《人口与发展》2011年第5期。

[99] 王裔艳："英国居家照料服务及其对我国的启示"，载《人口与发展》2012年第6期。

[100] 王裔艳："上海居家养老服务中政府职能分析"，载《发展研究》2013年第7期。

[101] 王裔艳：《Home Care for Elderly People in China：A Case Study of Shanghai（中国居家养老服务——以上海为例）》，上海社会科学院出版社2013年版。

[102] 王裔艳："上海居家养老服务的供给、购买与决策：以'福利轮'为分析视角"，载《华东理工大学学报（社会科学版）》2015年第4期。

[103] 王裔艳："澳大利亚、加拿大和英国居家服务比较研究"，载《人口与发展》2016年第5期。

[104] 吴辉："政社关系的探索与前瞻"，载《中国党政干部论坛》2013年第5期。

[105] 吴焰："上海启动'4050项目招标会'几近爆棚"，载《人民日报·华东新闻》2001年3月4日。

[106] 许婧："上海正式启动长期护理保险试点工作"，载 http://news.eastday.com/eastday/13news/auto/news/finance/20170125/u7ai6442048.html，最后访问日期：2017年2月20日。

[107] 徐永祥："社会的再组织化：现阶段社会管理与社会服务的重要课题"，载《教学与研究》2008年第1期。

[108] 许芸："从政府包办到政府购买——中国社会福利服务供给的新路径"，载《南京社会科学》2009年第7期。

[109] 阎青春：“四种居家养老服务模式的‘利’与‘弊’”，载《社会福利》2009 年第 3 期。

[110] 杨宜勇、杨亚哲：“论我国居家养老服务体系的发展”，载《中共中央党校学报》2011 年第 5 期。

[111] 姚远："从宏观角度认识我国政府对居家养老方式的选择"，载《人口研究》2008 年第 2 期。

[112] 张波："中国居家养老典型实践模式的比较研究"，载《江汉学术》2013 年第 4 期。

[113] 张国平："地方政府购买居家养老服务的模式研究：基于三个典型案例的比较"，载《西北人口》2012 年第 6 期。

[114] 张红凤、孙敬华："居家养老服务供给模式比较分析及优化策略——以山东省为例"，载《山东财经大学学报》2015 年第 5 期。

[115] 章晓懿："政府购买养老服务模式研究：基于与民间组织合作的视角"，载《中国行政管理》2012 年第 12 期。

[116] 章晓懿、刘永胜："利益相关者理论视角下的养老机构运行风险研究"，载《上海交通大学学报（哲学社会科学版）》2012 年第 6 期。

[117] 钟春洋："社会化居家养老服务的发展对策——以宁波市为例"，载《老龄科学研究》2014 年第 11 期。

[118] 钟慧澜、章晓懿："激励相容与共同创业：养老服务中政府与社会企业合作供给模式研究"，载《上海行政学院学报》2015 年第 5 期。

[119] 钟韵珊、苏振芳："基于 NGO 的社区居家养老体系构建的研究"，载《广西民族师范学院学报》2011 年 5 期。

[120] 周海旺、寿莉莉："超大城市独子时代养老的可持续制度设计——以上海为例"，载《上海城市管理》2011 年第 3 期。

[121] 周蕊："上海全市推行长期护理保险制度 4 个月已有 4 万名老人享受服务"，载 http://www.xinhuanet.com/mrdx/2018-04/27/c_137140614.htm. 最后访问日期：2018 年 5 月 20 日。

[122] 朱眉华："政府购买服务——一项社会福利制度的创新"，载《社会工作》2004 年第 8 期。

[123] Age Concern, *Fair Enough? Research into the Implementation of Fairer Charging Guidance*, London：Age Concern, 2004.

[124] Age Concern, *Finding Help at Home*, London：Age Concern, 2006.

[125] Age Concern, *Local Authority Assessments for Community Care Services*, London：Age Concern, 2006.

[126] Age Concern, *Guide to Fully Fund NHS*, London：Age Concern, 2006.

［127］ Age Concern, *NHS Services*, London: Age Concern, 2006.

［128］ Anderson, M. , Parent, K. , *Putting a Face on Home Care. Carp's Report on Home Care in Canada 1999*, Kingston: Queen's Health Policy Research Unit, 1999.

［129］ Audit Commission, *Charging with Care: How Councils Charge for Home Care (national report)*, Abingdon: Audit Commission, 2000.

［130］ Australian Bureau of Statistics, *Year Book Australia 2008*, Canberra: Australian Bureau of Statistics, 2008.

［131］ Australian Government Department of Health and Ageing, *National Program Guidelines for the Home and Community Care Program 2002*, Canberra: Australian Government Department of Health and Ageing, 2002.

［132］ Australian Government Department of Health and Ageing, *A New Strategy for Community Care—The Way Forward*, Canberra: Australian Government Department of Health and Ageing, 2004.

［133］ Australian Government Department of Health and Ageing, *HACC Review Agreement*, Canberra: Australian Government Department of Health and Ageing, 2007.

［134］ Australian Government Department of Health and Ageing, *Home and Community Care Program Minimum Data Set 2005－2006 Annual Bulletin*, Canberra: Australian Government Department of Health and Ageing, 2007.

［135］ Australian Government Department of Health and Ageing, *National Program Guidelines for the Home and Community Care Program 2007*, Canberra: Australian Government Department of Health and Ageing, 2007.

［136］ Australian Healthcare Associates, *Evaluation of the Home and Community Care Program—National Standards Three Year Appraisal*, Carlton: Australian Healthcare Associates, 2005.

［137］ David Bell, Alison Bowes, *Financial Care Models in Scotland and the UK*, York: Joseph Rowntree Foundation, 2006.

［138］ Canadian Home Care Association, *Commission on the Future of Health Care in Canada: Formal Submission from the Canadian Home Care Association*, Ottawa: Canadian Home Care Association, 2001.

［139］ Commission for Social Care Inspection, *Time to Care? An Overview of Home Care Services for Older People in England, 2006*, London: Commission for Social Care Inspection, 2006.

［140］ Commission for Social Care Inspection, *The State of Social Care in England 2006－2007*, London: Commission for Social Care Inspection, 2008.

［141］ Commission on the Future of Health Care in Canada, *Policy Dialogue No. 1: Homecare in Canada*, Windsor: University of Windsor, 2002.

[142] Commonwealth Department of Health and Aged Care, *Community Care Statistics*, *1997 - 98*, Canberra: Commonwealth Department of Health and Aged Care, 1998.

[143] Coyte, P., *Home Care in Canada: Passing the Buck*, Toronto: Home Care Evaluation and Research Centre, Department of Health Administration, University of Toronto, 2000.

[144] Department of Health, *Fairer Charging Policies for Home Care and Other Non-residential Social Services: Guidance for Councils with Social Services Responsibilities*, London: Department of Health, 2003.

[145] Department of Health, *Personal Social Services: Survey of Home Care Users in England Aged 65 or Over: 2002-03*, London: Department of Health, 2003.

[146] Leeder, Stephen, *The Australian Health System*, Sydney: Allen and Unwin, 2000.

[147] Dumont-LemassonM, DonovanC&WylieM, *Provincial and Territorial Home Care Programs: A Synthesis for Canada*, Ottawa: Health Canada, 1999.

[148] Federal/Provincial/Territorial Working Group on Home Care, *Report on Home Care*, Ottawa: Health and Welfare Canada, 1990.

[149] HACC Standards Working Group (Sub-group of HACC Officials), *The Home and Community Care National Standards Instrument and Guidelines*, Canberra: Commonwealth of Australia.

[150] Health Canada, *Canada's Health Care System*, Ottawa: Health Canada, 1999.

[151] Health Canada, *Provincial and Territorial Home Care Programs: A Synthesis for Canada*, Ottawa: Health Canada, 1999.

[152] Health Canada, *Home Care in Canada 1999: An Overview*, Ottawa: Health Canada, 2000.

[153] Health Canada, *First Nations and Inuit Home and Community Care Program—Annual Report 2002-2003*, Ottawa: Health Canada, 2004.

[154] Health Services Utilization and Research Commission, *The Impact of Preventive Home Care and Seniors Housing on Health Outcomes*, Saskatoon: Health Services Utilization and Research Commission, 1998.

[155] Healthcare Commission, *Living well in Later Life: A Review of Progress against the National Service Framework for Older People*, London: Healthcare Commission, 2006.

[156] HMSO, *The Local Authority Social Services Act 1970*, London: Office of Public Sector Information, 1970.

[157] HMSO, *National Health Service and Community Care Act 1990*, London: Office of Public Sector Information, 1990.

[158] Hollander, J., Anderson, M., Beland, F., et al, *The Identification and Analysis of Incentives and Disincentives and Cost-effectiveness of Various Funding Approaches for Continu-*

ing Care. Technical Report 5: An Overview of Continuing Care Services in Canada, Victoria: Hollander Analytical Services Ltd, 2000.

[159] Hollander, M. , Chappell, N. , *Final Report of the National Evaluation of the Cost-effec-tioveness of Home Care. A Report Prepared for the Health Transition Fund*, Health Canada, Victoria: Centre on Aging, University of Victoria, 2002.

[160] Howe, A. L. , "Rearranging the Compartments: The Financing and Delivery of Care for Australia's Elderly", *Health Affairs*, 19.3 (2000).

[161] Jenkins, A. , Gibson, D. , *Obtaining Consumer Views of Service Standards in Home and Community Care. Welfare Division Working Paper No. 34*, Canberra: Australian Institute of Health and Welfare, 2000.

[162] Keleher, H. , "Community Care in Australia", *Home Health Care Management and Practice*, 15.5 (2003).

[163] Kendig, H. , Duckett, S. , *Australian Directions in Aged Care: the Generation of Policies for Generations of Older People*, Sydney: The Australian Health Policy Institute at the University of Sydney, 2001.

[164] Laing, Buisson, *Care of Elderly People: Market Survey*, London: Laing and Buisson, 1999.

[165] Laing, Buisson, *Laing's Healthcare Market Review 2001-2*, London: Laing and Buisson, 2002.

[166] MacAdam, M. , "Home Care: It's Time for a Canadian Model", *Healthcare Papers*, 1.4 (2000).

[167] Matosevic, T. , Knapp, M. , Kendall, J. , et al, *Domiciliary Care Providers in the Independent Sector. PSSRU discussion paper No. 1605*, London: Nuffield Institute for Health and Personal Social Services Research Unit, London School of Economics, 2001.

[168] Matteo, J. D. , Matteo, R. D. , "Public Homecare Expenditures in Canada", *Canadian Public Policy*, 27.3 (2001).

[169] Motiwala, S. , Flood, C. , Coyte, P. , et al, "The First Ministers' Accord on Health Renewal and the Future of Home Care in Canada", *Longwoods Review*, 2.4 (2005).

[170] Netten, A. , Francis, J. , Jones, K. , et al, "Performance and Quality: User Experiences of Home Care Services. Final Report", *Canterbury: Personal Social Services Research Unit*, 2004.

[171] Palmer, G. , Short, S. , *Health Care and Public Policy: An Australian Analysis (3rd ed.)*, Sydney: Allen and Unwin, 2000.

[172] Romanow, R. J. , *Building on Values: The Future of Health Care in Canada-Final Report*, Saskatoon: Commission on the Future of Health Care in Canada, 2002.

[173] Shapiro, E. , *Health Transition Fund Synthesis Series*: *Home Care*, Ottawa: Health Canada, 2002.

[174] Sharkey, S. , Larsen, L. , Mildon, B. , "An Overview of Home Care in Canada: Its Past, Present, and Potential", *Home Health Care Management and Practice*, 15. 5 (2003).

[175] Snell, P. , *Current and Future Challenges in the Provision of Home Care*, Paper presented at the Laing & Buisson Conference, London: Commission for Social Care Inspection, 2007.

[176] Sorochan, M. W. , "Home Care in Canada", *Leadership in Health Services*, 10. 4 (1997).

[177] Spalding, K. , Watkins, J. R. , Williams, A. P. , *Self Managed Care Programs in Canada*: *A Report to Health Canada*, Ottawa: Health Canada, 2006.

[178] Weiner, J. , "Predictions: Long-Term Care in the Next Decade", *Caring Magazine*, 19. 6 (2000).

[179] Weissert, W. , Lesnick, T. , Musliner, M. , et al, "Cost Savings from Home and Community-Based Services: Arizona's Capitated Medicaid Long-Term Care Program", *Journal of Health Politics, Policy and Law*, 22. 6 (1997).

[180] Woodward, C. A. , *Home Care in Australia*: *Some Lessons for Canada*, McMaster University Centre for Health Economics and Policy Analysis Working Paper 04-02, Hamilton: McMaster University Centre for Health Economics and Policy Analysis, 2004.

附　件

附件1　面向机构负责人的访谈提纲

_____女士/先生：

您好！

很高兴您能同意参加我们《居家养老机构可持续发展实证研究》课题的访问。我们将访谈一些有关您所在居家养老机构的发展情况，感谢您的鼎力支持！

一、被访者的基本情况

1. 您今年几岁？

2. 您是本地人还是外地人？如果是外地人，请问什么时候来到上海的？

3. 您结婚了吗？有孩子吗？有孩子的话，孩子几岁？

4. 您是什么文化程度？

二、被访者管理机构的基本情况

5. 请问您是什么时候加入机构的？怎样加入的？为什么？

6. 请问您是什么时候担任现在的管理工作？您能谈谈您的工作具体做些什么吗？

7. 您获得过照料老人方面的专业培训吗？如果有的话，请您具体说明一下。那么您是如何看待这些专业培训的呢？

8. 您所在的机构主要为居家老人提供哪些服务？这些服务是如何开展的？

9. 居家养老服务转入长期护理保险的时候，有什么变化吗？

10. 您从事居家养老服务工作有什么收获？

11. 您对这些居家服务有什么看法？未来您会选择居家养老吗？

三、被访者管理机构的困难与需求

12. 您能简单介绍机构的发展情况吗？

13. 您能简单介绍机构的组织架构和人员吗？

14. 您能介绍您在机构中与其他人员的工作关系吗？

15. 您在管理机构中遇到了哪些困难？哪些困难已经解决了？如何解决的？哪些困难仍然存在？有什么解决办法？

16. 您所在的机构在发展过程中遇到了哪些问题？打算怎么解决？

附件 2　面向机构管理人员的访谈提纲

_____女士/先生：

您好！

很高兴您能同意参加我们《居家养老机构可持续发展实证研究》课题的访问。我们将访谈一些有关您所在居家养老机构的发展情况，感谢您的鼎力支持！

一、被访者的基本情况

1. 您今年几岁？

2. 您是本地人还是外地人？如果是外地人，请问什么时候来到上海的？

3. 您结婚了吗？有孩子吗？有孩子的话，孩子几岁？

4. 您是什么文化程度？

二、被访者管理机构的基本情况

5. 请问您是什么时候加入机构的？怎样加入的？为什么？

6. 请问您是什么时候担任现在的管理工作？您能谈谈您的工作具体做些什么吗？

7. 您获得过照料老人方面的专业培训吗？如果有的话，请您具体说明一下。那么您是如何看待这些专业培训的呢？

8. 您在管理居家服务工作中遇到了哪些困难？哪些困难已经解决了？如何解决的？哪些困难仍然存在？有什么解决办法？

9. 居家养老服务转入长期护理保险的时候，有什么变化吗？

10. 您从事居家养老服务工作有什么收获？

11. 您对这些居家服务有什么看法？未来您会选择居家养老吗？

三、被访者与机构之间的关系

12. 您能简单回顾一下入职以来您所在机构的发展情况吗？

13. 您能介绍您在机构中与其他人员的工作关系吗？

14. 您认为居家养老机构如何才能够持续发展？

附件3　面向机构服务员兼管理人员的访谈提纲

_____女士/先生：

您好！

很高兴您能同意参加《居家养老机构可持续发展实证研究》课题的访问。我们将访谈一些有关您所在居家养老机构的发展情况，感谢您的鼎力支持！

一、被访者的基本情况

1. 您今年几岁？
2. 您是本地人还是外地人？如果是外地人，请问什么时候来到上海的？
3. 您结婚了吗？有孩子吗？有孩子的话，孩子几岁？
4. 您是什么文化程度？

二、被访者提供居家养老服务的基本情况

5. 请问您是什么时候加入机构的？怎样加入的？为什么？
6. 您获得过照料老人方面的专业培训吗？如果有的话，请您具体说明一下。那么您是如何看待这些专业培训的呢？
7. 您能简单回顾一下入职以来的工作情况吗？
8. 您现在主要为居家老人提供哪些服务？这些服务是如何开展的？
9. 您为居家老人提供居家服务中遇到了哪些困难？哪些困难已经解决了？如何解决的？哪些困难仍然存在？有什么解决办法？
10. 居家养老服务转入长期护理保险的时候，有什么变化吗？
11. 您从事居家养老服务工作有什么收获？
12. 您对这些居家服务有什么看法？未来您会选择居家养老吗？

三、被访者管理机构的基本情况

13. 请问您是什么时候担任现在的管理工作？您能谈谈您的工作具体做些

什么吗？

14. 您在管理居家服务工作中遇到了哪些困难？哪些困难已经解决了？如何解决的？哪些困难仍然存在？有什么解决办法？

四、被访者与机构之间的关系

15. 您能简单回顾一下入职以来您所在机构的发展情况吗？

16. 您能介绍您在机构中与其他人员的工作关系吗？

17. 您认为居家养老机构如何才能够持续发展？

附件4　面向机构服务员的访谈提纲

　　_____女士/先生：

您好!

很高兴您能同意参加我们《居家养老机构可持续发展实证研究》课题的访问。我们将访谈一些有关您所在居家养老机构的发展情况，感谢您的鼎力支持!

一、被访者的基本情况

1. 您今年几岁?

2. 您是本地人还是外地人? 如果是外地人，请问什么时候来到上海的?

3. 您结婚了吗? 有孩子吗? 有孩子的话，孩子几岁?

4. 您是什么文化程度?

二、被访者提供居家养老服务的基本情况

5. 请问您是什么时候加入机构的? 怎样加入的? 为什么?

6. 您获得过照料老人方面的专业培训吗? 如果有的话，请您具体说明一下。那么您是如何看待这些专业培训的呢?

7. 您能简单回顾一下入职以来的工作情况吗?

8. 您现在主要为居家老人提供哪些服务? 这些服务是如何开展的?

9. 您为居家老人提供居家服务中遇到了哪些困难? 哪些困难已经解决了? 如何解决的? 哪些困难仍然存在? 有什么解决办法?

10. 居家养老服务转入长期护理保险的时候，有什么变化吗?

11. 您从事居家养老服务工作有什么收获?

12. 您对这些居家服务有什么看法? 未来您会选择居家养老吗?

三、被访者与机构之间的关系

13. 您能简单回顾一下入职以来您所在机构的发展情况吗?

14. 您能介绍您在机构中与其他人员的工作关系吗？您对这些居家服务有什么看法？

15. 您认为居家养老机构如何才能够持续发展？

附件5　Z镇居家养老服务中心服务员季度考核执行标准

Z镇居家养老服务中心
服务员季度考核执行标准

为了加强Z镇居家养老服务中心内部管理，根据中心发展目标及运营需求，建立居家养老服务绩效评估和工作激励机制，对在职工作人员进行季度考核，以推动中心常态化、规范化运行，促进Z镇居家养老服务规范管理，切实提高服务质量及团队素质。

"惩"标准

序号	测评标准	记分情况	罚款（元）	备注
1	着装不规范	1		
2	工作态度恶劣，无理取闹，造成不良影响	3		
3	赠送服务对象财物	2		
4	擅自私藏手机考勤芯片	3		
5	不服从工作调动，不提供相关服务项目	2		
6	不参加会议、培训等业务活动	1		
7	收受、动用服务对象财物	3	50	
8	工作时间不在岗、串岗	3	50	
9	服务对象暂停、终止服务不报或延期报	4	100	
10	擅自旷工、私自委托他人替工	4	200	

续表

序号	测评标准	记分情况	罚款（元）	备注
11	与服务对象争吵、打架	4	200	情节严重者给予辞退处理
12	各类形式的投诉	视实际情况而定	视实际情况而定	
备注				

记分标准及措施

1、记 1~5 分，扣发当季度考核奖金的 10%。

2、记 6~15 分，扣发当季度考核奖金的 20%。

3、记 16~25 分，扣发当季度考核奖金的 50%。

4、记 26~30 分，扣发当季度考核奖金。

"奖"标准

序号	测评标准	记分情况	备注
1	收到服务对象表扬信、锦旗等	3	
2	工作主动性强，传播正能量	2	
3	带动良好工作氛围，开展相关业务活动	3	
4	主动接受有难度的工作项目	2	
备注			

记分标准及措施

1、记 1~5 分，增发当季度考核奖金的 10%。

2、记 6~15 分，增发当季度考核奖金的 20%。

3、记 16~25 分，增发当季度考核奖金的 50%。

4、记 26~30 分，增发当季度考核奖金。

执行时间

本执行标准自××××年×季度开始实施。

附件6 Z镇居家养老服务中心××××年×季度考核执行标准

Z镇居家养老服务中心　　年　季度考核

姓名：　　　　　　　　　　　　　　　时间：

序号	测评标准	记分情况	罚款（元）	备注
1	着装不规范	1		
2	工作态度恶劣，无理取闹，造成不良影响	3		
3	赠送服务对象财物	2		
4	擅自私藏手机考勤芯片	3		
5	不服从工作调动，不提供相关服务项目	2		
6	不参加会议、培训等业务活动	1		
7	收受、动用服务对象财物	3	50	
8	工作时间不在岗、串岗	3	50	
9	服务对象暂停、终止服务不报或延期报	4	100	
10	擅自旷工、私自委托他人替工	4	200	
11	与服务对象争吵、打架	4	200	情节严重者给予辞退处理
12	各类形式的投诉	视实际情况而定	视实际情况而定	
备注				

记分标准及措施

1、记 1~5 分，扣发当季度考核奖金的 10%。

2、记 6~15 分，扣发当季度考核奖金的 20%。

3、记 16~25 分，扣发当季度考核奖金的 50%。

4、记 26~30 分，扣发当季度考核奖金。

附件7　Z镇居家养老服务中心员工违规通知单

Z镇居家养老服务中心员工违规通知单

员工姓名		时间		证明人	
员工违规事由					

☐　着装不规范　　　　　　　　　　　☐　收受、动用服务对象财物

☐　工作态度恶劣，无理取闹，造成不良影响　☐　工作时间不在岗、串岗

☐　赠送服务对象财物　　　　　　　　☐　服务对象暂停、终止服务不报或延期报

☐　擅自私藏手机考勤芯片　　　　　　☐　擅自旷工、私自委托他人替工

☐　不服从工作调动，不提供相关服务项目　☐　与服务对象争吵、打架

☐　不参加会议、培训等业务活动　　　☐　各类形式的投诉

☐　其它

详细记录	时间：　　　年　　月　　日　　时　　分
	地点：
	事由：

注：此通知单作为当季度考核依据。

Z镇居家养老服务中心员工违规通知单（存根）

员工姓名		时间		证明人	
员工违规事由					

☐　着装不规范　　　　　　　　　　　☐　收受、动用服务对象财物

☐　工作态度恶劣，无理取闹，造成不良影响　☐　工作时间不在岗、串岗

☐　赠送服务对象财物　　　　　　　　☐　服务对象暂停、终止服务不报或延期报

☐　擅自私藏手机考勤芯片　　　　　　☐　擅自旷工、私自委托他人替工

☐　不服从工作调动，不提供相关服务项目　☐　与服务对象争吵、打架

续表

☐ 不参加会议、培训等业务活动				☐ 各类形式的投诉			
☐ 其它							
详细记录	时间：	年	月	日	时	分	
	地点：						
	事由：						
注：此通知单作为当季度考核依据。							

附件8　Z镇居家养老服务中心服务对象回访单

Z镇居家养老服务中心服务对象回访单
（20　　年　　月）

回访人员：

序号	服务对象	回访时间	服务员	服务对象满意度评分	意见和建议	备注
1						
2						
3						
4						
5						
6						
7						
8						
9						
10						
11						
12						
13						
14						
15						
16						
17						
18						
19						
20						
备　注	服务对象满意度评分，最高为10分。					

附件9 Z镇居家养老服务中心满意度测评表

Z镇居家养老服务中心满意度测评表

为了更好地开展居家养老服务工作，同时积极响应上级部门的要求，结合本单位实际情况，征询意见。(如果您选择的为不满意，请您在详细说明中写下您的原因和宝贵意见。)

1、您对中心规范性管理是否满意?

□非常满意　　　□满意　　　□不满意　　　说明_____

2、您对中心公益性是否满意?

□非常满意　　　□满意　　　□不满意　　　说明_____

3、您对中心公信力是否满意?

□非常满意　　　□满意　　　□不满意　　　说明_____

4、您对中心发挥的作用是否满意?

□非常满意　　　□满意　　　□不满意　　　说明_____

5、您对中心以后的发展有何建议和意见?

说明：_____

_____

_____

测评人：_____

日　　期：_____

单位（盖章）：_____

附件 10　Z 镇居家养老服务中心业务主管满意度征询表

Z 镇居家养老服务中心业务主管满意度征询表

为了更好地开展居家养老服务工作，同时积极响应上级部门的要求，结合本单位实际情况，征询意见。(如果您选择的为不满意，请您在详细说明中写下您的原因和宝贵意见。)

6、您对中心规范性管理是否满意?

□非常满意　　□满意　　□不满意　　说明_____

7、您对中心公益性是否满意?

□非常满意　　□满意　　□不满意　　说明_____

8、您对中心公信力是否满意?

□非常满意　　□满意　　□不满意　　说明_____

9、您对中心发挥的作用是否满意?

□非常满意　　□满意　　□不满意　　说明_____

经办人：_____

日　期：_____

业务主管单位（盖章）：_____

图书在版编目（ＣＩＰ）数据

居家养老机构可持续发展探索：上海社区助老服务社实证研究/王裔艳著. —北京：中国政法大学出版社，2019.9
　　ISBN 978-7-5620-9225-4

Ⅰ.①居… Ⅱ.①王… Ⅲ.①养老－社区服务－研究－上海 Ⅳ.①D669.6

中国版本图书馆 CIP 数据核字(2019)第 221709 号

出 版 者　　中国政法大学出版社

地　　址　　北京市海淀区西土城路 25 号

邮寄地址　　北京 100088 信箱 8034 分箱　邮编 100088

网　　址　　http://www.cuplpress.com (网络实名：中国政法大学出版社)

电　　话　　010-58908285(总编室) 58908433（编辑部）58908334(邮购部)

承　　印　　北京九州迅驰传媒文化有限公司

开　　本　　720mm×960mm　1/16

印　　张　　9.5

字　　数　　160 千字

版　　次　　2019 年 9 月第 1 版

印　　次　　2019 年 9 月第 1 次印刷

定　　价　　39.00 元